JACK EL DESTRIPADOR

Descubre los Verdaderos Crímenes Escalofriantes
Detrás de uno de los Asesinos en Serie más
Famosos

REX BUCKLEY

Índice

Introducción   vii

1. Los seres del horror. el primero del tercer   1
   asesinato de Whitechapel
2. La matanza continua. El segundo   21
   asesinato
3. No se detiene: el asesinato de Elizabeth   41
   StrideNo se detiene: el asesinato de
   Elizabeth Stride
4. Un segundo asesinato en la noche del 30   51
   de septiembre de 1888
5. Jack el Destripador se pone en contacto   65
   con las autoridades
6. ¿La última víctima? Mary Jane Kelly   71
7. Whitechapel en la época de Jack el   85
   Destripador
8. Sospechosos habituales e inusuales; antes y   93
   ahora
9. El destripador aristocrático   121
10. ¿El Jack el Destripador artístico?   133

Conclusión   163

Introducción

Jack el Destripador, el seudónimo adoptado por un despiadado asesino en Londres en 1888, ha llegado a simbolizar la maldad pura que acecha en el alma de algunos asesinos.

Nunca se ha establecido su verdadera identidad. ¿Era un médico trastornado, un artista excéntrico, un trabajador de un matadero judío, un miembro de la familia real, un militar o un estafador estadounidense? Nunca lo sabremos. ¿Era un maestro del disfraz o un criminal increíblemente afortunado? No hubo testigos de sus asesinatos. Poco se sabe con certeza sobre el Destripador. Las víctimas de sus crímenes eran todas mujeres. Algunos de sus cuerpos fueron mutilados y todos fueron degollados.

La ola de asesinatos del Destripador en el pobre East End del Londres de finales de la época victoriana ha fascinado a un gran número de investigadores históricos y detectives aficionados.

Han escrito y siguen escribiendo libros y artículos, creando podcasts, películas, novelas y obras de teatro en las que seleccionan pistas de los registros que han sobrevivido, para crear un caso para su sospechoso. Los registros, incluidas las cartas que supuestamente son del propio Destripador, se han revisado con un peine de dientes finos. Expertos en escritura, historia del papel, patólogos forenses, historiadores del arte, estudiosos de la psicopatía y científicos expertos en el análisis del ADN mitocondrial han estudiado las pruebas.

Después de todo esto, a pesar de lo que afirman algunos detectives, el caso no está cerrado. El verdadero nombre del asesino, Jack el Destripador, aún no se ha establecido definitivamente.

Los crímenes del Destripador en 1888, y tal vez en los años siguientes, dan lugar a informes espeluznantes. Dado que todos los asesinatos ocurrieron en un pasado lejano, no podemos esperar que en las investigaciones se siguieran los procedimientos forenses y policiales modernos. Las huellas dactilares, el análisis del ADN y el análisis de las salpicaduras de sangre eran herramientas del futuro. El registro de los investigadores de finales del siglo XIX no era tan minucioso como el actual. Algunos han llegado a la conclusión de que la falta de piezas en los archivos policiales, como las notas de las entrevistas con

los sospechosos, demuestra que hubo algún tipo de encubrimiento. Cada ausencia o silencio en la investigación se
ha interpretado como algo relacionado con una conspiración de un tipo u otro.

Es raro que los entusiastas del Destripador acepten la
explicación más sencilla y sensata de alguna rareza o
aberración en el trabajo policial sobre el caso en aquella
época.

Los seres del horror. el primero del tercer asesinato de Whitechapel

CHARLES CROSS, un transportista, se dirigía al trabajo en Broad Street a las 3.45 de la mañana. Mientras avanzaba en la oscuridad de Londres el 31 de agosto de 1888, miró por casualidad hacia Buck's Row. En la cabecera de la calle, a la tenue luz de una lámpara de gas cercana, distinguió un montón de tela contra una puerta de hierro. Pensó que se trataba de una lona desechada o algo por el estilo. Se adelantó para examinarlo. Al examinarla más de cerca, el montón de tela se convirtió en el cuerpo de una mujer.

Estaba tumbada a lo largo con la mano abierta tocando la puerta. Su larga falda estaba levantada, cubriendo su pecho.

. . .

A Cross se le unió otro transeúnte, John Paul, que apareció en Broad Street de camino al trabajo en Hanbury Street.

Ambos se quedaron mirando la figura postrada. Cross rompió la silenciosa vigilia. Sugirió que levantaran a la criatura ebria y la ayudaran a seguir su camino. John Paul se negó. En su lugar, se arrodilló y palpó la cara y las manos de la mujer. Estaban frías como piedras. Le bajó la falda para cubrirle las piernas y le dijo a Cross que creía que la mujer estaba muerta. Alarmados, los dos se apresuraron a buscar a un policía. Mientras estaban de viaje, un policía llegó al lugar.

El agente John Neil, que estaba haciendo su ronda a las 3.45 de la mañana, vio el cuerpo en Buck's Row. Estaba equipado con una lámpara de ojo de buey que iluminó la figura postrada. No es que la lámpara portátil del policía fuera especialmente eficaz, pero arrojó un poco más de luz sobre el objeto de su investigación. Vio que la gorra de paja negra de la mujer estaba tirada en el suelo cerca de su mano. Con la escasa luz, pudo distinguir que la mujer había sido degollada y que la sangre se había derramado por la calle. Un segundo policía, el agente John Thail, pasó por allí y los dos comentaron los ojos muy abiertos del cadáver. Thail llamó al Dr. Ralph Llewellyn, que vivía cerca. Llewellyn confirmó que la mujer estaba efectivamente muerta. Cuando la examinó, sentía los brazos calientes desde los codos hacia arriba, lo que le sugirió que no hacía mucho tiempo que había muerto. El Dr. Llewellyn solicitó la ayuda de algunos transeúntes que habían aparecido para observar su trabajo.

Les ordenó que llevaran el cuerpo a la morgue de Whitechapel. Cuando recogieron el cadáver para colocarlo en una carretilla, se sorprendieron de la cantidad de sangre que se había acumulado en la ropa del fallecido. Los dos policías les siguieron detrás de los serviciales porteadores.

En el depósito de cadáveres, que no era más que un rudimentario cobertizo en el patio de un asilo, se retrasó el examen completo del cuerpo. Los dos indigentes que trabajaban allí como recompensa por el alojamiento en un hospicio no llegaron hasta que devoraron su desayuno.

Despojaron al cadáver de sus ropas. A la hora de quitarle las enaguas, los obreros se horrorizaron al ver que de los cortes en el abdomen de la difunta sobresalían asas de intestino.

El cadáver fue colocado desnudo en una mesa de examen.

. . .

Se llamó de nuevo al Dr. Llewellyn. Realizó un examen post-mortem. Informó de sus hallazgos más tarde en la posterior investigación del forense. Determinó que el cuerpo era el de una mujer de entre cuarenta y cuarenta y cinco años. Le faltaban cinco dientes y la lengua estaba ligeramente lacerada. La mandíbula del lado derecho estaba magullada. Debajo de la mandíbula, en el lado izquierdo del cuello, había una incisión. Iba desde justo debajo de la oreja hasta la mandíbula derecha.

La cabeza estaba casi completamente cortada y la incisión llegaba hasta las vértebras. En el lado izquierdo del bajo vientre había una herida irregular y muy profunda que también presentaba cortes horizontales y verticales. Al Dr. Llewelyn le pareció que todos los cortes habían sido infligidos por una persona zurda, y todos eran del mismo instrumento.

La noticia de que había el cuerpo de una mujer desconocida en el depósito de cadáveres se extendió rápidamente en el barrio londinense de Whitechapel. Varias mujeres se acercaron a inspeccionar a la víctima, pero ninguna pudo identificarla. El hallazgo del sello de un asilo de ancianos en una de las enaguas de la víctima puso a la policía en la dirección correcta. Finalmente fue identificada como Mary Ann (Polly) Nichols, una antigua reclusa del Lambeth Workhouse. Había dejado de dormir en el hospicio y posteriormente pasaba las noches en un albergue de la calle Thrawl 18 y luego se trasladó a un alojamiento en la calle Flower.

. . .

La portera del 56 de Flower Street dijo que se le había negado la entrada la noche del 31 de agosto porque carecía de los cuatro chelines necesarios para una cama. Pidió que le guardaran un espacio y prometió volver con el dinero. La última vez que alguien supo de Polly Nichols esa noche fue Emily Holland, la propietaria del alojamiento de la calle Thrawl, con quien se encontró en la calle alrededor de las 2.30 de la madrugada.

La investigación sobre la muerte de Mary Ann Nichols comenzó el 1 de septiembre. El Sr. Wynne Baxter, el juez de instrucción del Distrito Noreste de Middlesex, celebró su investigación en la biblioteca del Working Lad's Institute en Whitechapel Road.

El primer testigo llamado fue Edward Walker, el padre de la fallecida, Mary Ann Nichols. Confirmó la identidad de la víctima a partir del examen de su cadáver en la morgue. Aunque admitió no haberla visto en los últimos dos años, dijo que la reconoció por una marca en la frente, que tenía desde su nacimiento, y confirmó que a su hija le habían arrancado un par de dientes.

En respuesta a una pregunta del forense, declaró: "Mi hija se llamaba Mary Ann Nichols, y estuvo casada veintidós años. Su marido se llama William Nichols. Es maquinista".

El forense, Sr. Baxter, preguntó entonces si su hija había estado viviendo con su marido.

"No. Llevaban separados unos siete u ocho años".

"¿La ha visto recientemente?"

"La última vez que supe de ella fue antes de Pascua. Me escribió".

El testigo dijo al forense que no tenía ni idea de dónde vivía su hija ni a qué se dedicaba. "Era una bebedora", dijo. Por eso le había permitido irse de casa cuando era tan joven.

Cuando el forense le dijo que su hija era "rápida", el Sr. Walker dijo que no sabía nada de eso. Explicó que Mary Ann había dejado a su marido porque, cuando estuvo recluida en su último embarazo, se acostó con la mujer que vino a amamantarla. Dijo que tenía cinco hijos, el mayor de los cuales tenía veintiún años y el menor ocho o nueve.

En respuesta al forense, que preguntó: "¿Sabe usted algo que pueda arrojar alguna luz sobre este asunto?". El padre de Polly dijo: "No, no creo que tuviera enemigos. Era demasiado buena para eso".

Entre los testigos que declararon el segundo día de la investigación estaba Emily Holland, que fue la última persona que vio a Polly Nichols con vida. Se identificó como una mujer casada que era dueña de la casa de huéspedes de la calle Thrawl 18. Declaró que Mary Ann Nichols se había alojado en su casa durante unas seis semanas, pero que no lo había hecho en los últimos diez días.

Se le preguntó si sabía dónde se alojaba Nichols por la noche. Emily Holland sólo pudo decir que había oído que era en una casa de la calle Flower. Baxter interrogó a la testigo sobre cuándo había visto por última vez a Mary Nichols. "Esa noche. La de su asesinato", respondió la señora Holland. "La vi a las dos y media de la mañana del viernes. Iba caminando por la calle Osborne. Estaba sola y muy desmejorada por la bebida. Intenté persuadirla para que volviera a casa".

· · ·

"Bueno, ¿lo hizo?", preguntó Baxter.

"No, no lo hizo".

"¿Dijo por qué?"

"No dijo nada, sólo que se había ganado el dinero del alojamiento tres veces ese día. Luego se fue por White-chapel Road".

De la evidencia dada en la investigación del forense, está claro que la muerte de Mary Ann Nichols fue tomada en serio por la policía. No se dejó pasar, como cabría esperar, como un resultado desafortunado de su estilo de vida. La víctima era una borracha habitual y una prostituta.

Su carácter y su comportamiento fueron revelados por los testigos en la investigación. Antes de separarse definitivamente de su marido, se había escapado de casa en varias ocasiones. Su marido le había pagado una pensión hasta 1882, cuando se enteró de que se ganaba la vida como prostituta. Intentó restablecer los pagos llevando el asunto a los tribunales. Cuando se presentaron pruebas de su embriaguez y de su trabajo como prostituta, se denegó la restitución de la pensión.

William Nichols dijo en la investigación que no había visto a su esposa durante tres años, ni había tenido noticias de ella desde entonces. Declaró que ella lo había dejado por su propia voluntad. "No tenía motivos para hacerlo", dijo, y añadió: "si no hubiera sido por sus hábitos de bebida, se habrían llevado bien". Cuando identificó su cuerpo en el depósito de cadáveres, se informó en los periódicos que no tenían ningún reparo en relatar puros chismes, que él dijo: "Te perdono todo, ahora que te he visto así."

De los testimonios de la investigación se desprende que la policía ejerció los procedimientos de investigación adecuados. El primer oficial en la escena, John Neil, había tocado el timbre de la residencia adyacente en el intervalo antes de la llegada del Dr. Llewellyn y preguntó si se había escuchado algún disturbio. La respuesta fue negativa. El forense le preguntó si había sangre en el lugar donde se encontró el cuerpo.

"Había un charco de sangre justo donde estaba su cuello. Salía de la herida del cuello", respondió el agente Neil.

"¿Oíste algún ruido esa noche?"

. . .

"No", dijo Neil, "no oí nada. Lo más lejos que estuve esa noche fue a través de la calle Whitechapel y subiendo por Baker's Row. Nunca estuve muy lejos del lugar".

"Creo que Whitechapel Road está muy transitada por la mañana temprano. ¿Podría alguien haber escapado por ahí?"

"Oh, sí, señor. Vi a varias mujeres en la calle principal yendo a casa. A esa hora, cualquiera podría haber escapado".

Un miembro del jurado preguntó al agente si había examinado la escena del crimen. ¿Era posible que la mujer fuera asesinada en otro lugar? Respondió que había examinado la carretera pero que no había visto la marca de las ruedas.

Dijo que los primeros en llegar al lugar después de que yo descubriera el cuerpo fueron dos hombres que trabajan en el matadero de enfrente. Dijeron que no sabían nada del asunto y que no habían oído ningún grito.

Uno de los hombres que trabaja en el matadero fue llamado a declarar. Henry Tomkins fue interrogado sobre sus observaciones en la mañana del asesinato.

· · ·

"¿Es su trabajo ruidoso?" "No, señor, muy tranquilo", respondió Tomkins.

"¿Vino alguien al matadero esa noche?"

"No pasó nadie, excepto el policía".

El forense, queriendo explorar cualquier posibilidad, continuó con esta línea de interrogatorio.

"¿Entonces no vio un alma desde la una de la mañana del viernes hasta las cuatro y cuarto, cuando el policía pasó por su matadero?"

"No, señor".

"¿Oíste pasar algún vehículo por el matadero?", preguntó un miembro del jurado.

"No, señor".

"¿Lo habría oído si hubiera habido uno?".

· · ·

"Sí, señor".

El único fallo en el procedimiento policial desvelado por el forense se refería al tratamiento del cuerpo de Mary Ann Nichols a su llegada al depósito de cadáveres. El inspector John Spratling dijo que se enteró del asesinato a las cuatro y media de la mañana. Se dirigió a la escena del crimen, donde le mostraron el lugar donde se había encontrado el cuerpo. A continuación, se dirigió al depósito de cadáveres, donde inspeccionó el cuerpo. Observó que la víctima estaba sucia y que parecía no haberse lavado desde hacía tiempo antes del asesinato. La siguiente vez que vio el cuerpo, éste había sido despojado de su ropa.

El juez de instrucción preguntó si se había ordenado a los dos obreros que desnudaran el cuerpo. El inspector Spratling negó haber dado esa orden. De hecho, dijo: "Les dije que lo dejaran como estaba". Esto fue desmentido por el encargado de la morgue de Whitechapel, quien testificó que había llegado allí a las cinco de la mañana. Dijo que había echado un vistazo rápido al cuerpo y que había cerrado el depósito de cadáveres y guardado las llaves.

· · ·

Al preguntarle si la policía estaba presente cuando más tarde los dos internos de un hospicio desnudaron el cuerpo, respondió: "No. No había nadie presente". Negó que le hubieran dicho que nadie debía tocar el cuerpo.

Como Baxter consideraba importante conocer el estado de las ropas de la víctima, ordenó que fueran llevadas al tribunal. Preguntó al inspector Spratling si las vendas (corsé) estaban sujetas al cuerpo cuando vio por primera vez a la víctima en la morgue. El inspector no pudo recordar si lo estaban o no. Declaró que había sangre en el vestido y también en el chaleco o abrigo. La ropa interior estaba marcada con sangre. Expresó su duda sobre si se habían manchado antes o después de sacar el cuerpo de Buck's Row. Spratling también dijo que, hacia las 6 de la mañana del asesinato, fue al lugar de los hechos, pero que no había sangre. Se presume que después de retirar el cuerpo de Mary Nichols, uno de los residentes locales lavó la calle.

Junto con el sargento Godley, recorrió las líneas de ferrocarril del este de Londres y del distrito cercanas. No encontraron ninguna prueba. Hablaron con un vigilante del Great Eastern Railway cuyo puesto estaba a unos 50 metros de Buck's Row. Dijo que no había oído nada fuera de lo normal esa noche. Spratling entrevistó a una media docena de personas que vivían cerca de la escena del crimen. Ninguna había oído nada fuera de lo normal.

. . .

El inspector Spratling llegó a Whitechapel desde la División J, con sede en Bethnal Green. En el momento del asesinato de Mary Nichols, Spratling tenía cuarenta y ocho años y era un veterano de dieciocho años en la Policía Metropolitana.

Había ascendido al rango de inspector sirviendo en varias divisiones hasta llegar a Bethnal Green en 1887. Como veterano policía entrenado, Spratling parece haber hecho un trabajo ejemplar en su investigación inmediatamente después de la muerte de Mary Nichols.

En la época del asesinato de Mary Nichols, la Policía Metropolitana, fundada en 1829, se había convertido en una organización profesional. Sustituyó al sistema más bien irregular de alguaciles, "vigilantes" y soldados voluntarios que anteriormente recorrían las calles de Londres en un esfuerzo por garantizar el orden y la seguridad públicos. Sir Robert Peel, que impulsó la ley de creación del cuerpo de policía en el Parlamento, fue recordado por el nombre popular de los policías en Gran Bretaña, Bobbies.

La amplia zona urbana vigilada por el Cuerpo de Policía Metropolitano era tal que, en aras de la eficacia, se dividió en divisiones de barrio. Entre las primeras estaba la División H. Estaba centrada en Whitechapel y contaba con una oficina para la policía local. En 1842 se creó una nueva rama de investigación de la Policía Metropolitana.

Uno de sus primeros casos fue el que se conoció popularmente como el Horror de Bermondsey. En 1849 un matrimonio, Frederick y Marie Manning, asesinó a su invitado a cenar, Patrick O'Connor, y enterró su cuerpo bajo el suelo de su cocina. Cuando se hizo evidente que los investigadores criminales estaban tras su pista, huyeron. Dos diligentes sargentos detectives les siguieron la pista y les colgaron. En 1878, diez años antes del asesinato de Mary Nichols en Whitechapel, la sección de detectives se reorganizó y pasó a llamarse Departamento de Investigación Criminal. John Spratling era un miembro experimentado de este departamento en el momento del asesinato de Mary Nichols. Parece que se comportó y llevó a cabo su investigación inicial del crimen de forma ejemplar, empleando los procedimientos policiales disponibles en ese momento, como el registro de las observaciones de la escena del crimen y la búsqueda de testigos en los alrededores. Muchos de los refinamientos de la ciencia forense, como el uso de huellas dactilares y el análisis de las salpicaduras de sangre, aún no habían sido adoptados por la policía. La prensa no tardó en difundir la noticia del asesinato de Mary Nichols. La historia era especialmente intrigante porque el crimen tuvo lugar poco después del asesinato de

Martha Tabram, el 7 de agosto de 1888. El asesinato de Emma Elizabeth Smith en abril de 1888 también estaba fresco en la memoria de los residentes de Whitechapel.

Una prostituta, Emma Smith, fue agredida con saña en Brick Lane en la madrugada del 3 de abril.

Escapó de sus atacantes y regresó con dificultad a su casa de huéspedes en el 18 de George Street, Spitalfields, donde le dijo al encargado que había sido asaltada y robada por dos o tres hombres. La convencieron contra su voluntad para que hiciera su camino al Hospital de Londres. Allí murió.

En la investigación sobre su muerte, se declaró que le habían introducido un objeto romo en la vagina. El inspector Edmund Reid, de la División H, informó sobre la investigación, que incluyó una búsqueda exhaustiva de pistas y entrevistas con literalmente cientos de personas. Se enteró de que Emma Smith tenía la costumbre de salir de su alojamiento a primera hora de la noche. Se la veía regularmente con un ojo morado u otras lesiones. Ella explicaba que se habían producido al caerse. Esta es la típica explicación que ofrecen los alcohólicos para explicar sus heridas. No hay indicios de que Smith fuera violada, pero en la investigación, un patólogo declaró que creía que su muerte había sido causada por un golpe en el abdomen con un instrumento contundente.

Reiteró que no tenía ninguna duda de que los daños en el perineo que causaron la peritonitis habían sido la causa próxima de la muerte.

Martha Tabram, que también vivía de la prostitución, se dirigió a un callejón de Whitechapel High Street con su cliente, un soldado o guardia que conoció en un bar.

Su cuerpo fue descubierto en un rellano de un edificio de viviendas a la mañana siguiente, el 7 de agosto de 1888.

Había sido apuñalada 39 veces en el cuello, el torso y los genitales. El caso recayó de nuevo en el inspector Edmund Reid, que estudió la escena del crimen y entrevistó a posibles testigos y sospechosos. Se organizó una rueda de reconocimiento de los diversos sospechosos para que los inspeccionara una de las compañeras de prostitución de Tabram. Ella fue la última en ver a la víctima en el bar. No pudo identificar a nadie en la rueda de reconocimiento como cliente de Tabram. La investigación sobre la muerte de Tabram concluyó con el veredicto del jurado de asesinato por una persona o personas desconocidas. El inspector Reid quiso que el juez de instrucción tomara nota de que seguía haciendo averiguaciones sobre el caso.

Estos dos asesinatos anteriores se mencionaron en las noticias sobre el asesinato de Mary Nichols. Las especulaciones sobre la conexión de los tres asesinatos aumentaron a medida que la prensa y el público ansiaban lo sensacional.

Un periódico informó que cuando fue encontrada, Mary Nichols "estaba completamente muerta". Sus heridas se describieron con gran detalle. "Además de la herida en la garganta, la parte inferior del abdomen estaba completamente abierta, con los intestinos sobresaliendo".

Se extendía "casi hasta su pecho y debió ser efectuada con un gran cuchillo". El informe de noticias continuó repitiendo los detalles sangrientos del estado del cuerpo de Mary Nichols. "El cuchillo fue clavado en la parte inferior del abdomen, y salvajemente arrastrado hacia arriba dos veces, una cortando la ingle y la cadera izquierda, y la otra rajando el abdomen hasta el esternón". El artículo termina con la declaración de que se trata del tercer asesinato brutal en la zona. El articulista subrayó que la policía creía que el "autor debía ser un maníaco feroz".

· · ·

La Pall Mall Gazette comenzó relacionando el asesinato de Tabram y Nichols. "Apenas ha tenido tiempo de calmarse el horror y la sensación causados por el descubrimiento de la mujer asesinada en Whitechapel hace poco tiempo", escribió un periodista, cuando se produjo un asesinato aún más impactante. La brutalidad ejercida sobre la víctima del segundo asesinato, decía el informe, "creará una sensación tan grande en la vecindad como su predecesor." Tras una escabrosa descripción del cuerpo de Mary Nichols en la morgue, el informe elevó el nivel de deleite sensacionalista al decir a los lectores: "Mientras el cadáver yace en la morgue, presenta un espectáculo espantoso." El 1 de septiembre, el Daily News publicó un artículo en profundidad sobre el asesinato de Mary Nichols. Ofrece una descripción más o menos precisa del hallazgo del cuerpo y de su estado en la morgue e incluye la sugerencia de que la policía "no tiene ninguna teoría con respecto al asunto, excepto que una especie de banda de "High Rip" existe en el barrio".

Se dice que la banda exigía, lo que hoy llamaríamos dinero por protección, a las mujeres de la calle. Se decía que se vengaban de las que se negaban a pagar. Según el artículo, la policía desarrolló su teoría sobre la banda basándose en el hecho de que otras dos mujeres habían sido asesinadas en el distrito por medios similares a los de Mary Nichols. Tres días más tarde, el Daily News informó de que el detective inspector Abberline, del Departamento de Investigación Criminal, y el detective inspector Helson, de la División J, habían "abandonado la idea de que los asesinatos estaban relacionados con una banda y que los tres asesinatos habían sido perpetrados por un solo hombre".

Los escritores actuales sobre Jack el Destripador no suelen atribuir los asesinatos de Smith en abril de 1888 y de Tabram en agosto del mismo año a su serie de asesinatos.

Sin embargo, algunos opinan que los ataques a Smith y Tabram pueden haber sido obra del Destripador. El hecho de que difieran en varios aspectos de los llamados 5 asesinatos canónicos del Destripador no lo descarta como autor.

Pueden haber sido preliminares a sus viles asesinatos en toda regla.

2

La matanza continua. El segundo asesinato

ANNIE CHAPMAN NACIÓ COMO Eliza Ann Smith en Paddington en 1840. Según sus hermanos, Annie, a una edad temprana, desarrolló una pasión por el alcohol. Los miembros de su familia la convencieron para que se comprometiera a abstenerse de beber, pero regularmente "se caía del vagón". Annie era descrita como una buena mujer. Era inteligente y sociable. Una mujer menuda y atractiva, tenía los ojos azules y el pelo castaño oscuro, lo que le valió el apodo de "Annie la Oscura". A los 28 años se casó con John Chapman, un pariente materno. Tuvieron tres hijos, uno de los cuales tenía defectos de nacimiento. Lo pusieron al cuidado de una institución. Su tercer hijo murió de meningitis a los 12 años. Ambos padres comenzaron a beber en exceso. Annie fue arrestada por intoxicación pública en varias ocasiones. En 1884 los Chapman se separaron debido a los "hábitos de embriaguez e inmoralidad" de Annie. Poco después, John, que mantenía a Annie con pagos mensuales, murió por causas relacionadas con el alcohol.

Annie vivía en una casa de huéspedes en Whitechapel, se ganaba la vida haciendo antimacetas de ganchillo, vendiendo flores y, al parecer, complementaba sus ingresos ejerciendo la prostitución.

El cuerpo de Annie Chapman fue descubierto por un residente de un edificio de viviendas en el número 29 de Hanbury Street. John Davies bajó los escalones de la puerta trasera y vio a una mujer tendida en un hueco entre los escalones de piedra y una valla. "Estaba de espaldas, con la cabeza hacia la casa y las piernas hacia el cobertizo. La ropa le llegaba hasta las inglés", dijo el inquilino. Volvió a la casa y salió por la puerta principal, donde abordó a dos hombres que estaban fuera de una tienda cercana. Les hizo ver el cuerpo que había descubierto. Uno de ellos salió corriendo a buscar a la policía en la comisaría de Commercial Street, donde el inspector Joseph Chandler fue informado del crimen. Chandler se apresuró a llegar al lugar del crimen, desalojó a una densa multitud de curiosos y llamó al cirujano de la policía local. A través de telegramas se informó al detective inspector Frederick Abberline de Scotland Yard.

Chandler observó que el cuerpo de Annie Chapman estaba tendido de espaldas. Sus manos y su cara estaban cubiertas de sangre y sus piernas estaban dobladas. Su abrigo negro y su falda estaban levantados sobre sus piernas. Annie Chapman había sido degollada. La habían destripado y le habían sacado un hilo de intestino por encima del hombro.

El inspector Chandler investigó la escena antes de la llegada del cirujano de la policía, el Dr. George Baxter Phillips. No había signos aparentes de lucha, aunque se encontraron salpicaduras de sangre en la valla y se veían algunas salpicaduras en la pared de la casa. El Dr. Phillips declaró a la víctima muerta. Su cuerpo fue trasladado a la morgue.

El 19 de septiembre de 1888, el Sr. Wynne Baxter convocó una investigación forense sobre la muerte de Annie Chapman. El jurado fue conducido al depósito de cadáveres de Montagu Street, donde inspeccionaron el cuerpo, que había sido preparado de tal manera que la mayoría de las horribles lesiones quedaban ocultas. También examinaron la ropa que llevaba la fallecida. Tras reunirse de nuevo en la biblioteca del Working Lads' Institute, el jurado escuchó el testimonio de John Davies sobre su descubrimiento del cadáver. Amelia Palmer, que había identificado el cuerpo como Annie Chapman, fue llamada. Dijo que había visto a la fallecida dos o tres veces durante la semana anterior. En una ocasión, "estaba de pie en la calle frente al 35 de Dorset Street. Había estado alojada allí y no tenía el capó puesto.

. . .

Tenía un hematoma en una de las sienes, creo que en la derecha. Le dije: "¿Cómo te lo has hecho?". Me dijo: "Sí, mira mi pecho". Abriendo su vestido, me mostró un moretón". La testigo informó de que había vuelto a ver a Annie en la tarde del 7 de septiembre. Como la mujer parecía enferma, Amelia Palmer le sugirió que fuera al hospital.

Annie respondió: "Es inútil que me vaya. Tendré que ir a algún sitio para conseguir dinero para pagar mi alojamiento". La testigo dijo que esa fue la última vez que vio a Annie Chapman y añadió que "era una mujer muy trabajadora cuando estaba sobria. La he visto a menudo peor por la bebida".

El encargado de una casa de huéspedes en el número 35 de la calle Dorset, Timothy Donovan, fue llamado al estrado. Dijo que la noche del asesinato, tuvo una conversación con Annie Chapman. Ella dijo que no tenía dinero para una cama. Le pidió que le guardara una. No estaría mucho tiempo fuera, y volvería con los 8 peniques necesarios. Esto ocurrió alrededor de las dos menos diez de la mañana.

. . .

Donovan dijo que Annie Chapman se dirigió entonces en dirección a la calle Bushfield.

En cuanto al estado de la fallecida, Donovan dijo al jurado de instrucción que le parecía que estaba sobria porque caminaba en línea recta. Dijo que los sábados estaba frecuentemente "peor por la bebida". El testimonio de Donovan fue confirmado por el vigilante nocturno de la casa de huéspedes, que estaba al tanto de la conversación y los movimientos de Annie en la vivienda.

El tercer día de la investigación, el 13 de septiembre de 1888, el primer testigo llamado por el juez de instrucción fue el inspector Joseph Chandler. Dijo que, al llegar a la escena del crimen, comprobó que nadie de la multitud había tocado el cuerpo. Cuando se retiró el cuerpo, inspeccionó la escena y encontró un trozo de muselina y un peine en un estuche cerca de donde habían estado los pies de la víctima. También encontró cerca de donde había estado su cabeza un sobre con dos pastillas. El siguiente intercambio entre el inspector y el forense es indicativo de la seriedad de la investigación del crimen.

Cuando se le preguntó por la escritura del sobre, el forense preguntó si era la letra de un hombre.

.   .   .

"Me imagino que sí", dijo Chandler.

"¿Algún sello postal?"

"Había un sello postal 'Londres, 3 de agosto de 1888'. Eso estaba en rojo. Había otro sello negro, que era indistinto".

"¿Alguna otra marca en el sobre?"

"También había las letras 'Sp' más abajo, como si alguien hubiera escrito 'Spitalfields'. La otra parte había desaparecido. No había otras marcas".

"¿Encontraron algo más en el patio?"

"Había un delantal de cuero, tirado en el patio, saturado de agua. Estaba a medio metro del grifo".

"¿Se lo mostraron al doctor?"

"Sí. También había una caja, como las que suelen usar los fabricantes de cajas para guardar los clavos. Estaba vacía.

También había una pieza de acero, plana, que desde entonces ha sido identificada por la señora Richardson como el resorte de las perneras de su hijo."

"¿Dónde se encontró eso?"

"Estaba cerca de donde había estado el cuerpo. El delantal y la caja de clavos también han sido identificados por ella como de su propiedad. El patio estaba pavimentado toscamente con piedras en algunas partes; en otras, era de tierra."

"¿Hubo alguna apariencia de lucha allí?"

"No."

El inspector Chandler fue interrogado sobre la custodia e integridad de las pruebas encontradas junto al cuerpo de la víctima. Dijo que fue al depósito de cadáveres poco después de las 7 de la mañana. El cuerpo parecía no haber sido perturbado. Puso a un agente de policía de la División H a cargo junto con el cuidador de la morgue, un tal Robert Marne, interno del Whitechapel Union Workhouse. Dos mujeres de una casa de huéspedes del número 35 de la calle Dorset fueron admitidas para identificar al fallecido. Miraron, pero no tocaron la ropa. La puerta estaba cerrada. Dos enfermeras de la enfermería ingresaron para desvestir el cuerpo. "Nadie más tocó el cadáver". El forense aprovechó la ocasión para quejarse de que el depósito de cadáveres de Whitechapel no era más que un cobertizo del asilo. Señaló con enfado que "un interno del hospicio no es el hombre adecuado para ocuparse de un cuerpo en un asunto tan importante como éste".

George Baxter Phillips, cirujano de división de la policía, declaró que fue llamado a Hanbury Street alrededor de las 6.30. Examinó el cuerpo en la escena del crimen. Observó que la cabeza estaba a unos 15 centímetros por delante del escalón inferior. Los pies apuntaban hacia un cobertizo al final del patio.

"El brazo izquierdo estaba cruzando el pecho izquierdo", testificó, "y las piernas estaban recogidas, los pies apoyados en el suelo y las rodillas giradas hacia fuera". Describió la cara de la víctima como hinchada y girada hacia el lado derecho. Su lengua sobresalía ligeramente y estaba muy hinchada. "Los intestinos delgados y otras porciones estaban en el lado derecho del cuerpo, en el suelo, por encima del hombro derecho, pero unidos". Phillips observó que había mucha sangre y que parte del estómago de la víctima estaba por encima del hombro izquierdo. Su búsqueda en el patio confirmó el testimonio de Chandler. Phillips vio un pequeño trozo de muselina, un peine y un peine de bolsillo en un estuche de papel.

Pensó que estos objetos habían sido colocados junto a la barandilla. Informó de que también había descubierto otros artículos, que entregó a la policía.

El Dr. Phillips examinó el cuerpo en el lugar de los hechos. Estaba frío "excepto que había un cierto calor remanente, bajo los intestinos". La rigidez de las extremidades era, dijo, incipiente.

La garganta de la víctima había sido cortada profundamente. El médico observó que la incisión de la piel era "irregular y llegaba hasta el cuello". Describió las salpicaduras de sangre en la pared trasera de la casa, a unos 30 centímetros del suelo. Además, en la valla de madera junto a la cabeza de la víctima había manchas de sangre.

Informó que cerca de donde yacía la víctima se encontró un delantal de cuero húmedo doblado.

El Dr. Phillips, en respuesta al interrogatorio del forense, declaró que la víctima murió "como consecuencia de la pérdida de sangre causada por el corte de la garganta".

Pensó que se había utilizado el mismo instrumento para cortar la garganta y lacerar el abdomen. "Debió ser un cuchillo muy afilado, probablemente con una hoja fina y estrecha, y de al menos 15 a 20 centímetros de longitud". Al preguntarle si el instrumento podría haber sido una bayoneta militar, el médico respondió con un simple "no". Se le preguntó entonces si el instrumento podría haber sido como el utilizado por un médico en una autopsia. Phillips dijo que, por lo general, en una autopsia no se utiliza un arma como la empleada con Annie Chapman. El forense preguntó si un trabajador del matadero o un zapatero podrían utilizar un cuchillo de este tipo en su trabajo. El médico pensó que no.

El forense llegó al punto crucial de su interrogatorio sobre la identidad del autor de este crimen. "¿Hubo algún conocimiento anatómico mostrado?" Phillips dijo: "Creo que lo hubo. Había indicios de ello. La persona evidentemente se vio impedida de hacer una disección más completa como consecuencia de la prisa." "¿Estaba todo el cuerpo allí?", continuó el forense.

"No", respondió el médico, "las partes ausentes eran del abdomen". "¿Son estas porciones tales que requerirían conocimientos anatómicos para extraerlas?" "Creo que el modo en que fueron extraídas sí demostró algún conocimiento anatómico", opinó el cirujano de la policía.

Completando su testimonio, el Dr. Phillips dijo que los hematomas de la cara de la víctima podrían haber sido causados por el asesino al haberle agarrado la barbilla antes de degollarla. La rapidez de esta acción probablemente hizo que la víctima no gritara antes de ser asesinada.

El cuarto día de la investigación, el Dr. Phillips fue llamado al estrado. Dijo que no quería hacer una descripción detallada de las horribles heridas sufridas por la víctima un asunto de dominio público. Dijo que el asesino podría haber tardado hasta un cuarto de hora en hacer las incisiones en el cuerpo y retirar las partes que se llevó. Respondió a una pregunta sobre la similitud entre las heridas sufridas por Mary Nichols y las reveladas por el cadáver de Annie Chapman. El cirujano dijo que había una pequeña diferencia entre ambas. Creía que en el caso de Mary Nichols las mutilaciones en el abdomen habían precedido al corte de la garganta.

Lo que el Dr. Phillips no quiso discutir en la corte abierta fue incluido en el resumen del forense al jurado.

Les dijo que a Annie Chapman le habían quitado los anillos de los dedos y no los encontraron, y que le habían quitado el útero. "El cuerpo no ha sido disecado, pero las lesiones han sido realizadas por alguien que tenía una considerable habilidad y conocimientos anatómicos". Todos los cortes en el cuerpo fueron hechos por "alguien que sabía dónde encontrar lo que quería, qué dificultades tendría que enfrentar y cómo debía usar su cuchillo, para extraer el órgano sin lesionarlo." La conclusión del forense fue que una persona inexperta no habría sabido dónde encontrar el útero ni reconocerlo si lo encontraba. Por lo tanto, el asesino "debe haber sido alguien acostumbrado a la sala post-mortem". El motivo del crimen, dijo el forense, no fue el robo sino la mutilación. El robo de algunos anillos de latón fue sólo, dijo, "una persiana poco disimulada, un intento de evitar que se descubriera la verdadera intención."

Baxter, el forense, fue aún más lejos. Tanto si era su intención como si no, proporcionó aún más materia prima para la indignación pública. "Está claro que hay un mercado para el objeto del asesinato. A las pocas horas de la publicación de los periódicos de la mañana que contenían un informe de las pruebas médicas presentadas en la última sesión del Tribunal, recibí una comunicación de un funcionario de una de nuestras grandes escuelas de medicina." El subconservador del Museo Patológico, dijo el forense, se había acercado a él y le había dicho que "hace algunos meses, un estadounidense lo había visitado y le había pedido que le procurara una serie de especímenes del órgano que faltaba en el difunto.

Se declaró dispuesto a dar 20 libras por cada uno y le explicó que su objetivo era emitir un ejemplar real con cada copia de una publicación en la que entonces estaba comprometido." El norteamericano pidió que, si tales especímenes debían ser "conservados, no en espíritus de vino, el medio habitual, sino en glicerina" para que permanecieran flácidos. Entonces, concluyó el forense, "¿no es posible que el conocimiento de esta demanda haya incitado a algún desdichado abandonado a hacerse con un espécimen?"

Baxter instó a las autoridades a que trabajaran rápidamente para detener al asesino, al que consideraba responsable también de los asesinatos de Martha Tabram y Mary Ann Nichols. "Seguramente, no es demasiado esperar aún que el ingenio de nuestra fuerza de detectives logre desenterrar a este monstruo", opinó. Su optimismo en cuanto a la captura del asesino era prematuro. Creía que "no era como si no hubiera ninguna pista sobre el carácter del criminal o la causa de su crimen". Baxter continuó aclarando esto, diciendo que el objeto del asesino "está claramente divulgado. Su destreza anatómica lo saca de la categoría de criminal común, ya que sus conocimientos sólo podrían haberse obtenido asistiendo a las autopsias o frecuentando la sala de autopsias."

Baxter se remitió al testimonio de Elizabeth Long prestado el cuarto día de la investigación.

Ella había dicho al Tribunal que, alrededor de las cinco y media de la mañana del 8 de septiembre, había pasado por el número 29 de Hanbury Street. Había visto a un hombre y a una mujer hablando. Había visto la cara de la mujer y la identificó como la víctima que inspeccionó en la morgue. El hombre, describió, tenía más de cuarenta años y era algo más alto que la fallecida. Le pareció que tenía aspecto de extranjero y lo describió como "de aspecto desaliñado", con un sombrero marrón de tipo acosador y un abrigo oscuro.

Este hombre, que el forense dio a entender que era el asesino, era un asesino cuyos motivos eran incluso "menos adecuados que los muchos que todavía deshonran nuestra civilización, estropean nuestro progreso y manchan las páginas de nuestra cristiandad".

El 26 de septiembre de 1888 el jurado emitió el veredicto de que el asesinato había sido perpetrado por una persona o personas desconocidas.

Mientras se celebraba la investigación, Annie Chapman fue enterrada. Un funerario de Spitalfields organizó un servicio fúnebre privado pagado por la familia de la fallecida antes de que el cuerpo fuera llevado al cementerio de la ciudad de Londres y enterrado allí. La ceremonia fue descrita en el Daily Telegraph del 15 de septiembre.

· · ·

"El funeral de Annie Chapman tuvo lugar ayer por la mañana temprano, habiéndose observado el máximo secreto, y nadie más que el enterrador, la policía y los familiares de la fallecida sabían nada de los preparativos". Se informó que, "poco después de las siete, un coche fúnebre se detuvo frente a la funeraria en Montague Street, y el cuerpo fue retirado rápidamente. A las nueve, se partió hacia el cementerio de Manor Park. No se utilizaron carruajes porque se deseaba no atraer la atención del público". Esto puede ser inexacto. Otra fuente dice que había dos coches de luto en el cortejo. En ellos iban el padre de Nichols, su marido y tres de sus hijos. El féretro de olmo cubierto de negro que se bajó a la tierra en el cementerio llevaba las palabras "Annie Chapman, fallecida el 8 de septiembre de 1888, de 48 años".

El secreto que el periódico describió sobre el funeral de Mary Nichols fue necesario porque el interés público por el asesinato de Nichols se vio avivado por la información procedente de la investigación del forense sobre Annie Chapman. Se creía que ambos crímenes eran obra del mismo asesino que había despachado a Martha Tabram.

Varios periódicos informaron con gran detalle del asesinato de Annie Chapman y de la posterior investigación.

Son típicos los siguientes:

. . .

"El sábado A las seis y cuarto de la mañana, el vecindario de Whitechapel se horrorizó hasta un grado que rozaba el pánico por el descubrimiento de otro bárbaro asesinato de una mujer", y "Los atroces asesinatos de Whitechapel siguen siendo el tema de conversación que todo lo absorbe en el East End, y cualquier noticia nueva o incluso el rumor más vago se recibe con avidez". Una muestra de extractos del artículo en la prensa popular es indicativa de la sensacionalización de crímenes extremadamente espantosos. Al describir la "espantosa serie de asesinatos de Whitechapel", un reportero dijo que los "restos destrozados de Annie Chapman habían sido dispuestos a su alrededor de una manera que sugería un deleite en la matanza por la matanza". "Ya no puede haber ninguna duda", afirmaba la prensa, "de que se trata de alguna forma de locura maligna.

Ninguna persona podría asesinar a estos riesgos, y por estas ganancias, con algún sentido de propósito en sus actos como propósito es conocido por los cuerdos. Un monstruo está en el exterior". Y continuaba: "La policía tiene que encontrar para nosotros uno de los monstruos más extraordinarios conocidos por la historia de las enfermedades mentales y espirituales, un monstruo cuyo cráneo tendrá que ser fundido para todos los museos de cirugía del mundo. Ninguna otra teoría es admisible".

. . .

A finales del siglo XIX, los periódicos británicos estaban inmersos en una competencia prácticamente sin cuartel.

El aumento de la alfabetización y el crecimiento sin precedentes de la población de las ciudades significaba que había cada vez más gente en el mercado para ser aprovechada y atrapada por la prosa sin aliento. La mejora de las comunicaciones a través del telégrafo permitió que la cobertura de los acontecimientos fuera actual. La escritura periodística se hizo cada vez más ágil, proporcionando una lectura fácil a un público voraz de noticias. Con los asesinatos de Whitechapel, el interés del público se vio avivado por historias cada vez más sensacionalistas. Las varias docenas de periódicos londinenses adoptaron diferentes enfoques al informar sobre los crímenes. Algunos, como los actuales tabloides británicos, no se preocupaban por la exactitud de sus historias, y a menudo recurrían a los chismes cuando la policía no proporcionaba suficientes detalles jugosos. La hipérbole era necesaria en una batalla por la circulación. Cuanto más exaltan los periódicos al público, más salvaje se vuelve la histeria que incitan. Esta histeria se convirtió en el forraje para una información aún más fantástica. Los asesinatos del Destripador, en su primera manifestación en las conversaciones de la calle y en los establecimientos de bebidas y restaurantes frecuentados por las clases bajas, fueron en cierto sentido el comienzo del mundo del asesinato como entretenimiento. En establecimientos más educados donde se reunían las clases altas, como los clubes y los hipódromos, podían tener lugar conversaciones más enrarecidas sobre los crímenes, pero los resultados eran los mismos.

De hecho, casi todo el mundo en Whitechapel y en la milla cuadrada conocida como la City de Londres y los distritos más ricos del Londres Metropolitano, tenía algo que decir sobre el Destripador. Muchos de ellos compartieron sus pensamientos con los periódicos.

Un periódico informó de que "la prensa se ha visto inundada de cartas de residentes en el este de Londres ofreciendo sugerencias y consejos, y extrayendo lecciones morales de los atropellos, todas más o menos acertadas". Se reunió un Comité de Vigilancia local en la taberna Crown.

Hicieron un llamamiento para recaudar fondos para una recompensa por la captura del autor de estos violentos crímenes. La histeria se extendió rápidamente. Sin duda, la despertaron los carteles con imágenes escabrosas colocados en Whitechapel por grupos de ciudadanos preocupados. Las multitudes se reunieron frente a la comisaría para gritar y abuchear a los que entraban y salían del edificio para ser interrogados, muchos de ellos por delitos menores que no tenían nada que ver con los asesinatos. Con los rumores sobre cada persona que, como se dice hoy, "ayudaba a la policía en sus pesquisas", el público se agitó más. Los detectives encontraron al posible propietario del delantal de cuero descubierto en la escena del crimen de Chapman. John Pizer fue detenido y llevado a la comisaría para ser interrogado. En su casa se encontraron varios cuchillos afilados de hoja larga. El negó que el delantal de cuero fuera suyo. Sus vecinos salieron en su defensa y dijeron que era un personaje inofensivo y que no podía estar relacionado con los asesinatos de Whitechapel. Fue puesto en libertad.

El misterio del delantal doblado y mojado que se encontró cerca del cuerpo de Annie Chapman fue finalmente resuelto por la policía. John Richardson, el hijo de una mujer que vivía en el primer piso del número 29 de Hanbury Street, se presentó y dijo que era suyo. Lo utilizaba para trabajar en el sótano de la casa, y lo había lavado y dejado fuera para que se secara.

Otro hombre, John Henry Piggott, fue llevado ante el inspector Abberline en la División H y fue interrogado. Vestido con ropas ensangrentadas, había sido visto en una taberna de Gravesend, a bastante distancia de Whitechapel.

Piggott proporcionó a la policía una historia increíble y no verificable sobre cómo se había manchado de sangre la ropa. A partir de esto y de su comportamiento en las celdas, se determinó que estaba loco y se le envió a la

enfermería de Whitechapel. Según la prensa, "se ha suge-
rido que está fingiendo locura, pero los médicos que le
han examinado son de opinión contraria".

Si no había ya pánico en el barrio de Whitechapel, las
cosas iban a empeorar mucho. Apenas cuatro días
después de que el jurado forense emitiera su veredicto en
el caso Chapman, se cometió otro vil asesinato en
Dutfield's Yard.

3

No se detiene: el asesinato de Elizabeth StrideNo se detiene: el asesinato de Elizabeth Stride

---

LA SIGUIENTE VÍCTIMA de lo que los londinenses llegaron a creer que era un cruel asesino en serie fue Elizabeth Stride.

Había llegado a Inglaterra desde Suecia en 1866 y se casó con John T. Stride en 1869. Tuvieron nueve hijos antes de separarse en 1882. En 1884 John Stride murió, y Elizabeth, también conocida como "Long Liz", se mudó con un obrero, Michael Kidney. A partir del registro de sus arrestos y condenas por alteración del orden público, que fueron más de ocho, su vida entró en una espiral de desorden. En septiembre de 1888, vivía en un alojamiento financiado por el entonces conocido filántropo Dr. Thomas Bernardo.

. . .

La noche del 29 de septiembre, Elizabeth Stride fue vista por varias personas, primero en una taberna, el Bricklayer's Arms, y luego en la madrugada del 30 de septiembre en las inmediaciones de Berner Street.

Un comerciante de frutas, Matthew Packer, la vio caminando con un hombre poco antes de la medianoche. Le vendió algunas uvas al hombre. En una declaración que prestó posteriormente a la policía, describió al hombre como de entre 25 y 30 años. Dijo que medía 1,70 metros de altura y que llevaba un abrigo negro y un sombrero de fieltro suave. Otro testigo, Israel Schwartz, dijo que sobre las 12.30 horas vio a un hombre hablando con Elizabeth Stride en la puerta de Dutfield's Yard. Informó de que el hombre le había empujado al suelo y le había gritado: "¡Lipski!". Este insulto étnico se puso de moda en la zona tras el juicio por asesinato de Israel Lipski. Fue condenado por obligar a una joven embarazada a beber ácido nítrico y fue enviado a la horca en agosto de 1887. El juicio de Lipski, que el jurado decidió en apenas ocho minutos, estuvo envuelto en la polémica sobre el papel que jugó el antisemitismo en el proceso. La última persona que vio a Elizabeth Stride con vida pudo ser el agente de policía William Smith, que la vio cerca de la puerta del patio de Dutfield a las 12.30.

Alrededor de la 1 de la madrugada, un vendedor de joyas, Louis Diemschutz, regresó a su casa en el número 40 de la calle Berner. Vivía en un apartamento proporcionado por el administrador del International Workingmen's

Educational Club en esa dirección. Tiró de su carro de ponis para entrar en el patio cerrado de Dutfield, en la parte trasera del club.

Su poni se negó a pasar las dos puertas abiertas y se alejó por algo que le alarmó.

Diemschutz aplicó el látigo, pero el carro chocó contra un objeto. Se bajó y, con la luz de una cerilla, descubrió el cuerpo de una mujer. Pensó que estaba borracha. Entró en el club por la puerta trasera y solicitó la ayuda de dos amigos, Morris Eagle e Isaac M. Kozebrodsky. Los tres hombres examinaron el cuerpo, determinaron que había sido degollada y que estaba muerta. Más tarde dijeron que habían tocado su cuerpo y que estaba bastante caliente.

Dos policías que patrullaban cerca fueron llamados al lugar. Se llamó a un Dr. William Blackwell que vivía cerca y se presentó en el lugar a la 1.15. Llegó a la conclusión de que la víctima llevaba muerta no más de veinte minutos.

También se llamó al Dr. Phillips, cirujano de la policía. Resultó ser una noche ajetreada para la policía. Más o menos al mismo tiempo que el Dr. Phillips realizaba un examen preliminar del cuerpo de Elizabeth Stride, en la

City de Londres, a cierta distancia de Whitechapel, se descubrió otro cadáver en Aldgate, en Mitre Square.

El 1 de octubre de 1888, el juez de instrucción Wynne Baxter reunió a los testigos y a un jurado de investigación compuesto por veinticuatro personas en el Vestry Hall de la iglesia de San Jorge del Este. Debían examinar la muerte de una mujer no identificada. Pronto se confirmó que el objeto de la investigación era Elizabeth Stride. El jurado primero se aplazó para ir a ver el cuerpo en la morgue.

Durante toda la audiencia estuvo presente el Detective Inspector Reid de la División H.

El primer testigo llamado fue William Wess. Siendo judío, afirmó la veracidad de su testimonio en lugar de jurar sobre la Biblia. Describió el Working Men's Education Club como un grupo de 75 a 80 miembros. Era un grupo socialista al que, dijo, podía unirse cualquier persona de cualquier nación, sin embargo, la membresía era casi exclusivamente judía. Era el impresor de la sociedad y trabajaba en una tienda que colindaba con Dutfield Yard. Entró en el patio poco después de las 12.15 horas y vio que las puertas estaban abiertas. No vio el cuerpo ni a nadie más. Su testimonio fue seguido por el de Morris Eagle, un miembro de la sociedad, que pasó por el patio a la una menos veinte. No vio ningún cuerpo en el patio.

· · ·

Lewis Diemschutz fue llamado al estrado. Dijo que volvió al club exactamente a la una de la madrugada del domingo.

Luego relató el descubrimiento del cuerpo. Entró en el club y dijo a algunos de los miembros que había encontrado un cuerpo en el patio. Consiguió una vela para poder inspeccionar al fallecido con más detenimiento, pero declaró que no había tocado el cuerpo. A continuación, salió corriendo para llamar a la policía, pero no encontró ninguna. Cuando regresó, Morris Eagle y dos agentes estaban inspeccionando el cuerpo.

Dijo al jurado de instrucción que no había visto a nadie en el patio, pero estuvo de acuerdo en que alguien podría haber pasado por la puerta sin que él lo supiera. El detective inspector Reid interrumpió para decir que todos los miembros del club habían sido detenidos posteriormente y que habían sido registrados e interrogados.

El segundo día de la investigación, el agente Henry Lamb de la División H fue llamado. Él y otro agente fueron llamados al lugar de los hechos por un grupo de hombres que gritaban: "Vamos, ha habido otro asesinato". Vio a una mujer con la garganta cortada. Aparentemente estaba muerta. Inmediatamente mandó llamar a un médico. Declaró que no había tocado el cuerpo.

. . .

El Dr. Blackwell fue el primer médico que apareció en la escena del crimen. Examinó el cuerpo y los alrededores. Poco después llegó el Dr. Phillips. El agente Lamb ordenó que se cerraran las puertas del patio y examinó las manos y la ropa de todos los miembros del club que habían salido al patio a observar. Se le preguntó si, al inspeccionar el club, había encontrado sangre. Respondió que no. Dijo que, en su opinión, alguien podría haber escapado del lugar a través de la puerta abierta antes de que él llegara o haber entrado por la puerta trasera del club y haber salido por la entrada de la calle.

Edward Spooner explicó que corrió al lugar de los hechos cuando fue alertado por la llamada de "asesinato" de los miembros del Working Men's Educational Club que corrían por la calle. Describió lo que vio. Declaró que no tocó el cuerpo. Cuando se le preguntó si creía que alguien de la multitud que rodeaba el cuerpo lo había movido, fue interrumpido por el presidente del jurado, quien dijo: "Por regla general, los judíos no se preocupan de tocar los cadáveres."

El siguiente testigo se mostró algo desconcertado por el entorno del tribunal. Mary Malcolm dijo que había ido a la morgue y que el cuerpo era el de su hermana Elizabeth Watts, de treinta y siete años. Contó una larga historia de su relación con su hermana, una mujer problemática que bebía y era infiel a su marido. Afirmó haber tenido una premonición de la muerte de su hermana. Al ser interrogada por el forense, describió con detalle su visión de la muerte de su hermana.

El Dr. Blackwell describió lo que encontró en el lugar de los hechos a su llegada a la 1.16 de la madrugada. El cuerpo de la fallecida estaba bastante caliente, pero sus manos estaban frías. Su vestido estaba desabrochado en el cuello. Tenía en la mano un paquete de mentas, algunas de las cuales se habían derramado por el suelo.

El cuello de la fallecida fue cortado con una incisión que comenzaba en el lado izquierdo, "2 pulgadas por debajo del ángulo de la mandíbula, y casi en línea directa con ella, seccionando limpiamente todos los vasos de ese lado, cortando la tráquea completamente en dos, y terminando en el lado opuesto 1 pulgada por debajo del ángulo de la mandíbula derecha".

Fue en el tercer día de la investigación que el fallecido fue identificado con firmeza. La encargada de una casa de huéspedes, Elizabeth Tanner, dijo que había inspeccionado el cuerpo en la morgue y lo reconoció como el de "Long Liz", una mujer sueca. La noche anterior al asesinato, ambas se reunieron y bebieron juntas en el Queen's Head y luego se fueron a casa. "Long Liz" había limpiado una habitación para Elizabeth Tanner, y le dieron seis peniques por su trabajo. Salió de la casa de huéspedes sin pagar su habitación por la noche. Llevaba la misma ropa que Elizabeth Tanner vio en el cuerpo en la morgue.

Otros testigos fueron llamados para confirmar que la fallecida era "Long Liz". El último testigo en esta línea de investigación fue Michael Kidney, que dijo que había estado viviendo de vez en cuando con la fallecida y que su nombre era Elizabeth Stride. Kidney, trabajador portuario, parece haber disfrutado de la atención que recibía. En respuesta a una pregunta sobre si conocía a alguien que quisiera hacer daño a Elizabeth Stride, dijo que creía que la policía tenía mucha culpa de no atrapar a su asesino. Había ido a la comisaría de Leman Street y se había ofrecido a darles información para atrapar al hombre.

Admitió que estaba borracho. Lo rechazaron. Incluso después de ser presionado por el forense y el detective Reid, Michael Kidney se negó a divulgar su supuesta información.

El forense tomó testimonio sobre el descubrimiento de un cuchillo cerca de la escena del crimen. Resultó ser una pista falsa, ya que el tipo de cuchillo no era del tipo que podría haber infligido la herida sufrida por el fallecido. El cuchillo no tenía residuos de sangre y estaba bastante seco cuando se descubrió.

. . .

Mucho más al grano y volviendo a los testimonios significativos, se llamó al Dr. Phillips. Describió el cuerpo que examinó en Dutfield Yard con gran detalle e informó igualmente sobre la autopsia realizada por él mismo con la ayuda del Dr. Blackwell. Desnudaron el cuerpo y descubrieron que estaba "bastante nutrido". Su descripción de la herida del cuello fue precisa. "En el cuello, de izquierda a derecha, hay una incisión de corte limpio de seis pulgadas de longitud; incisión que comienza dos pulgadas y media en una línea recta por debajo del ángulo de la mandíbula". Continuó su descripción de la herida del cuello para el tribunal en silencio. Pasó "tres cuartos de pulgada sobre el músculo no dividido, luego fue más profundo, alrededor de una pulgada dividiendo la vaina y los vasos. La arteria carótida del lado izquierdo y los otros vasos contenidos en la vaina fueron todos cortados, excepto la porción de la carótida que estaba en el póster".

El Dr. Phillips presentó el resto de su testimonio al día siguiente. Rechazó categóricamente el cuchillo que se había encontrado cerca como posible arma homicida. Tenía la forma y el tipo de cuchillo equivocados. Una vez descartado este punto, el forense formuló algunas preguntas punzantes que habrían sido de gran interés para el público y los periodistas presentes en la audiencia. El médico observó que quien mató a la víctima parece haber tenido algún conocimiento de dónde cortar la garganta para provocar un desenlace fatal. Esto llevó al forense a preguntar si había alguna similitud entre este caso y el de Annie Chapman. El Dr. Phillips dijo que ambos eran muy diferentes. El cuello de Chapman había sido cortado en todo su contorno, y parecía haber habido un intento de cortar las vértebras. La opinión de Phillip, basada en la ausencia de salpicaduras de sangre, era que Elizabeth Stride había sido asesinada mientras estaba en el suelo. No pudo comentar por qué aparentemente no gritó antes de ser degollada.

Para establecer definitivamente la identidad de la fallecida, se llamó al secretario de la iglesia sueca de Prince's Square.

Dijo que conocía a la víctima y que estaba en su registro de miembros de la iglesia y que le había regalado un libro de himnos. El secretario no sabía dónde vivía Elizabeth Stride, ni tampoco si estaba casada.

Tras cinco días completos de testimonios, el juez de instrucción presentó su resumen. El jurado, tras una breve deliberación, llegó a la conclusión de que se había producido un asesinato intencionado y que había sido perpetrado por alguna persona o personas desconocidas.

4

Un segundo asesinato en la noche del 30 de septiembre de 1888

APROXIMADAMENTE AL MISMO tiempo que se descubrió el cuerpo de Elizabeth Stride en el patio detrás del International Workingmen's Educational Club, se encontró otro cuerpo en la City de Londres, en Mitre Square, no lejos de Aldgate High Street. La distancia entre las escenas del crimen en la City y la de Whitechapel era de menos de una milla, que podía recorrerse a pie en unos 15 minutos.

Mitre Square tenía tres entradas; una a Mitre Street y dos pasillos que comunicaban Duke Street y St. James's Place.

La plaza estaba bordeada por dos lados con almacenes. En uno de ellos había un vigilante nocturno. En el otro lado de la plaza había casas que, en septiembre de 1888, estaban en su mayoría desocupadas.

. . .

Mitre Square estaba en la ruta de patrulla del agente Watkins de la policía de la ciudad de Londres. Con su lámpara de ojo de buey, atravesó la plaza a la 1.30 de la madrugada. No vio nada extraordinario.

Cuando regresó a la 1.45, encontró el cuerpo de una mujer tendido en la acera de la esquina suroeste. Más tarde describiría el estado del cadáver como si hubiera sido sacrificado "como un cerdo en el mercado". Sus entrañas estaban amontonadas cerca del cuello. Watkins se apresuró a ir a uno de los almacenes, donde solicitó ayuda al vigilante nocturno. Hizo sonar varias veces su silbato, y rápidamente aparecieron refuerzos en la escena. Uno de ellos fue enviado al Dr. George Sequiera, un residente local. Llegaron el inspector Collard y el doctor F. Gordon Brown, el cirujano de guardia de la policía. El comisario en funciones de la policía de la ciudad de Londres, el mayor Henry Smith, estaba durmiendo en la comisaría de Southwark. Al tener conocimiento del crimen, se dirigió al lugar de los hechos en un taxi con tres agentes colgados en el lateral.

La policía de Londres estaba dividida entre dos autoridades.

Una era responsable de la policía en la milla cuadrada llamada la City. Esta fuerza tenía su propio comisario y trabajaba de forma independiente a la Policía Metro-politana.

Esta última tenía jurisdicción sobre los distintos distritos que rodeaban la City, como Whitechapel, que formaban el Gran Londres.

Según algunos, la falta de cooperación entre los dos cuerpos policiales fue lo que dificultó la investigación de los asesinatos de prostitutas relacionados entre sí. Esto no parece ser del todo cierto.

En el lugar de los hechos, el comisario interino Smith echó un vistazo a la lamentable escena. Una mujer yacía de espaldas. Su garganta había sido cortada. Su vestido estaba levantado, dejando al descubierto su abdomen, que había sido cortado. Tenía un gran corte en la cara y su gorro seguía sujeto a la cabeza. Era evidente que la víctima estaba muerta, por lo que los dos médicos presentes no pudieron hacer otra cosa que asegurarse de que la recogiera una ambulancia (una carretilla) y la trasladara al depósito de cadáveres.

Pronto se supo que la víctima era Catherine Eddowes, que había dado su nombre como Kate Kelly cuando fue detenida la noche anterior por embriaguez. La habían recogido en Aldgate a las 20.30 horas y la habían llevado a los calabozos de la comisaría de Bishopsgate, donde estuvo retenida hasta que estuvo sobria. Justo después de la medianoche, exigió que la dejaran en libertad porque ya podía ponerse de pie y caminar.

La búsqueda en los alrededores inmediatos del asesinato fue mucho más fructífera que en casos anteriores. El agente de policía Alfred Long no tardó en encontrar un trozo de tela en la calle Goulston, en el exterior de las viviendas Wentworth. Estaba manchado de sangre, y el agente pensó que parecía haber sido utilizado para limpiar la hoja de un cuchillo. En el depósito de cadáveres ya se había observado que faltaba un trozo del delantal de la víctima. Había sido cortado toscamente. Coincidía con el fragmento de material encontrado por el agente Long. El perspicaz policía también encontró algo escrito con tiza en la pared de la escalera de una de las residencias de Goulston Street. La letra era de una mano tosca. Las cinco líneas decían: "Los Juwes son/los hombres que no serán/culpados por nada".

El agente Long informó de sus descubrimientos en la comisaría de Leman Street, y a partir de ese momento surgió un conflicto sobre la jurisdicción de las fuerzas policiales. Un detective de la Policía de la Ciudad de Londres fue enviado a vigilar las pintadas de Goulston Street. Cuando llegó James MacWilliam, inspector de la Policía de la Ciudad, ordenó que se fotografiara el escrito en cuanto hubiera suficiente luz del día para hacerlo. Esta orden fue revocada por el Comisario de la Policía Metro-politana, Sir Charles Warren. Llegó al lugar de los hechos a las 5 de la mañana y procedió a introducirse en el caso. El asesinato de Eddowes estaba fuera de su jurisdicción. Warren ordenó que se borraran las pintadas descubiertas por el agente Long.

No recibió la cooperación de los policías de la ciudad. Antes de que hubiera luz suficiente para fotografiar la imagen, Warren borró personalmente las palabras, alegando que se habría producido un motín si los comerciantes ambulantes de la zona se topaban con ella de madrugada.

Otra pista del crimen fue descubierta por los policías que rastreaban la zona. En la calle Dorset, los inspectores encontraron un lavabo público que todavía tenía agua manchada de sangre.

La autopsia del cuerpo de Catherine Eddowes o Kate Kelly fue realizada por el Dr. R. Gordon Brown con la asistencia del Dr. Sequiera y el Dr. Saunders. También asistió el Dr. Phillips de Whitechapel. En la funeraria Golden Lane de la ciudad, los médicos observaron cómo se retiraba la ropa del cadáver. El cuerpo tenía moretones en la mano izquierda y en la espinilla derecha. En los brazos no había hematomas.

. . .

Esto sugirió a los médicos que Eddowes había sido asesinado en el suelo. Se observó un corte profundo en la nariz que continuaba por la mejilla hasta la barbilla. La punta de la nariz estaba casi cortada por otro corte. Se observó un tercer corte en el labio superior, que penetraba hasta las encías. Otro corte había sido realizado en el lateral de la boca, y otros cortes abrían la carne de las mejillas.

La garganta de la víctima había sido cortada, empezando por debajo de la oreja izquierda hasta debajo de la oreja derecha. Todos los vasos sanguíneos, incluyendo la carótida izquierda y la vena yugular del cuello, fueron cortados por una incisión que llegaba hasta las vértebras. Los médicos coincidieron en que todas las demás lesiones del cuerpo fueron infligidas después de la muerte de la víctima.

Los médicos creen que tras el fallecimiento de la víctima su abdomen fue cortado desde el pubis hasta el esternón. El corte continuó marcando la piel sobre el esternón. Los médicos pensaron que el cuchillo que causó estos cortes se sujetó de manera que la punta estaba a la izquierda y el mango del cuchillo a la derecha. El hígado había sido apuñalado y se había hecho una segunda incisión en el hígado. El abdomen se abrió con un segundo tajo del cuchillo, que fue tirado hacia la derecha. Al examinarla, los médicos determinaron que el riñón izquierdo había sido cortado seccionando la arteria renal.

Además, se cortó la membrana del útero y se extrajo la matriz.

La investigación sobre la muerte de Catherine Eddowes se celebró en el tanatorio de Golden Lane el jueves 4 de octubre.

Era un día en el que la investigación de la muerte de Elizabeth Stride en Whitechapel estaba aplazada, por lo que el tribunal estaba repleto de público y periodistas que, de otro modo, habrían estado buscando entretenimiento en los escabrosos detalles de un asesinato.

La primera testigo fue Eliza Gold, la hermana de la fallecida, Catherine Eddowes. Dijo que Catherine, que tenía unos 43 años, había estado viviendo con un señor Kelly después de dejar a otro hombre con el que tenía dos hijos.

Dijo al forense que había visto a su hermana y al Sr. Kelly hace unas cuatro semanas y que parecían estar en buenas relaciones. John Kelley fue llamado al estrado. Dijo que había visto por última vez a Catherine a las 2 de la tarde del sábado y que ella dijo que iba a Bermondsey a buscar a su hija. Declaró que no la había visto desde entonces. No se preocupó cuando ella no regresó a su alojamiento porque había oído que estaba encerrada por embriaguez en Bishopsgate.

Los detalles del testimonio de Kelly revelan la precaria vida que llevaban los pobres de la época. Catherine y Kelly dormían normalmente en una casa de huéspedes donde, como era habitual, pagaban por sus camas cada noche. Kelly dijo que no habían dormido en la casa de huéspedes durante la semana anterior al asesinato. Explicó que habían ido a recoger saltos y habían vuelto a Londres el jueves.

Las cosas no fueron bien con su trabajo agrícola ocasional. Volvieron sin dinero. Esa noche ambos durmieron en lo que se llamaba el pabellón ocasional de la casa de trabajo en Mile-end. Kelly dijo que había ganado 6 peniques por un trabajo el viernes. Intentó dárselo a Catherine, diciendo:

"Toma, Kate, coge 4 peniques y vete a la casa de acogida, y yo me iré a Mile-end". Ella se negó y se dirigió sola a Mile-end. El sábado por la mañana, Kelly se encontró con Catherine a eso de las 8 de la mañana. Él pensó que esto era extraño, ya que si ella hubiera estado en la casa de trabajo de Mile-end, habría tenido que hacer tres horas de trabajo a la mañana siguiente a cambio de su cama. Se preguntó si Kelly tenía algo de dinero por haber empeñado sus botas, lo cual, sobre la base de las boletas de empeño, se estableció que había ocurrido el viernes. Se le preguntó si había estado bebiendo cuando tuvo lugar el empeño. Respondió que sí.

Admitió que estaba confuso en cuanto a lo que ocurrió el viernes y el sábado. Dijo que Catherine nunca le llevaba dinero cuando salía por la noche. Testificó que cuando no tenían dinero, ambos andaban por la calle toda la noche.

Pero dijo que creía que ella no salía con fines inmorales. Kelly testificó que cuando se separaron el sábado por la tarde Catherine estaba sobria y que no hubo ninguna palabra de enfado entre ellos.

El guardián de la casa de huéspedes de las calles Flower y Dean fue llamado al estrado. Corroboró lo dicho por Kelly. Añadió que Catherine era una mujer alegre y que ni ella ni su compañero Kelly tenían la costumbre de beber. Dijo que no tenía conocimiento de que Catherine saliera por la noche con fines inmorales y que no la había visto con nadie más que con Kelly. El jurado le preguntó si el sábado por la noche había entrado algún desconocido en su casa de huéspedes. Presentó su libro de cuentas, que mostraba que había 52 camas ocupadas el sábado por la noche. Seis de ellas fueron alquiladas a extraños. A veces, dijo, tenía más de 100 personas durmiendo en la casa. Sus inquilinos pagaban por sus camas y no se les hacía ninguna pregunta.

El Dr. Frederick Gordon Brown, cirujano de la policía de la ciudad de Londres, fue el encargado de relatar el estado en que se encontraba el cuerpo del fallecido en la investigación del juez de instrucción. Fue interrogado por el Sr. Crawford, un abogado que representaba a la Corporación de la Ciudad responsable de la policía. "Tengo entendido", dijo Crawford, "que encontró ciertas partes del cuerpo extirpadas". El Dr. Brown lo afirmó, diciendo que el útero había sido cortado con la excepción de una pequeña porción y que el riñón izquierdo también había sido extirpado. El forense llevó a Brown a especular, basándose en las heridas, si el asesino tenía conocimientos anatómicos. "Debe haber tenido un buen conocimiento", opinó Brown, "en cuanto a la posición de los órganos abdominales y la forma de extirparlos". Brown dijo que estos conocimientos los podía tener alguien que se dedicara a la matanza de animales.

Sin embargo, señaló que quien lo hiciera podría haber realizado la tarea en al menos cinco minutos. Por lo que él sabía, no había ninguna razón para que el asesino se llevara los órganos que faltaban. Además, declaró que creía que no hubo lucha, y que el crimen podría haber sido obra de un solo hombre.

· · ·

Declaró el único testigo que quizás había visto a Catherine Eddowes justo antes de su asesinato.

Dijo que había estado parado en la calle Duke, cerca de la plaza Mitre, alrededor de la 1.30 de la madrugada. Se dio cuenta de que una pareja estaba cerca, pero no pudo ver la cara de la mujer. Ella tenía la mano en el pecho del hombre.

Reconoció que las ropas que le presentaron en el depósito de cadáveres eran las de la mujer que había visto. Comenzó a describir al hombre, pero el forense le interrumpió diciendo que tenía una razón especial para no hacer una descripción completa en ese momento. Terminó la investigación y el jurado emitió un veredicto de asesinato por una persona o personas desconocidas.

El 5 de octubre de 1888, en la Gaceta Policial, se anunció al público que la Policía de la Ciudad de Londres pagaría una recompensa de 500 libras esterlinas por información que condujera a la detención y condena del asesino o asesinos de una mujer en Mitre Square. El comisario Warren, de la Policía Metropolitana, ordenó la impresión de 10.000 folletos en los que se pedía información sobre los asesinatos ocurridos entre el 31 de agosto y el 30 de septiembre. No consideró que los asesinatos anteriores de Smith y Tabram fueran obra del mismo asesino. Tras el incidente en el que Warren borró las pintadas en el lugar del asesinato de Eddowes, las dos fuerzas policiales independientes, la de la City de Londres y la del Metropolitan London, cooperaron en sus investigaciones. Un oficial de enlace de la City asistió a reuniones nocturnas con la fuerza metropolitana en la estación de Leman Street.

Las noticias sobre los asesinatos de Whitechapel se desviaron temporalmente. El 2 de octubre de 1888 se encontró el torso de una mujer en el sótano de un edificio en construcción para la Policía Metropolitana. Un brazo y una mano derechos, encontrados en septiembre en la orilla del Támesis, coincidieron con el torso. Una pierna derecha seccionada justo por encima de la rodilla fue desenterrada en la obra. Estos macabros descubrimientos fueron debidamente reseñados en la prensa. Se especuló con que el asesino de Whitechapel había empezado a desplazarse hacia el oeste, al terraplén del Támesis, para cometer sus crímenes. Algunos periodistas incluso llegaron a sugerir que el cuerpo había sido arrojado en el lugar para provocar al comisario Warren por el hecho de que su policía profesional había hecho una chapuza en la investigación de los asesinatos de Whitechapel.

Los periódicos y los políticos, impacientes por la falta de avances en el caso, empezaron a pedir la cabeza de Warren.

. . .

La policía fue acusada de destruir pruebas. El jefe del Departamento de Investigación Criminal, que en el momento de los asesinatos de Whitechapel era James Monro, no se llevaba bien con Warren. Se vio obligado a renunciar a su cargo. Fue sustituido por Robert Anderson.

Él y Monro, que conservó su puesto como jefe de la División Especial, conspiraron a espaldas de Warren durante toda la investigación de los asesinatos de Whitechapel. Warren finalmente dimitió de su cargo en noviembre de 1888 y James Monro fue ascendido a comisario.

A las dificultades en la jefatura de la Policía Metropolitana se sumaron los problemas a los que se enfrentaban los agentes en la calle y los investigadores en Whitechapel. En los artículos de los periódicos, a menudo poco fiables, se informó de que el 3 de octubre un hombre con acento americano fue interrogado en relación con una agresión a una mujer en Cable Street. Era un tipo bien vestido, bien afeitado y de complexión delgada. Le pidió a la mujer que se fuera con él y, cuando se negó, le dijo que la iba a "destrozar". La mujer gritó y el hombre subió a un taxi. La policía lo persiguió y lo capturó. Fue llevado a la estación de Leman Street, donde se negó a revelar su nombre. Otro sospechoso ya había sido llevado a la comisaría.

Este afirmó que había colaborado en el asesinato de

Mitre Square. Fue liberado porque se determinó que sufría de delirium tremens. El sospechoso estadounidense apareció en otra versión de la historia en la prensa. Es probable que ambas versiones fueran meras historias ampliadas a partir de chismes callejeros.

5

Jack el Destripador se pone en contacto con las autoridades

JUSTO ANTES DE los asesinatos de Catherine Eddowes y Elizabeth Stride, se entregó una carta a la Agencia Central de Noticias de Londres. Estaba fechada el 25 de septiembre y tenía matasellos de dos días después. El saludo decía "Querido jefe". El escritor afirmaba que le parecía divertido que la policía creyera que estaba a punto de localizarle como asesino de mujeres. Decía que estaba "deprimido" por las putas y que no dejaría de "destrozarlas" hasta que lo atraparan. Prometió que después de su próximo asesinato cortaría las orejas de las víctimas y las enviaría a la policía. Firmó la carta: "Atentamente JACK EL DESPERTADOR".

La Agencia Central de Noticias recibió una tarjeta postal con matasellos del 1 de octubre, el día después de los asesinatos de Eddowes y Stride. Decía que, durante el primero de los dos asesinatos, la víctima se chivó, por lo que el escritor no pudo terminar el trabajo.

Afirmaba que no tuvo tiempo de conseguir las orejas para la policía. La postal estaba firmada con letras mayúsculas JACK THE RIPPER.

Estas comunicaciones se dieron a conocer al público hasta el 2 de octubre. Elevaron la histeria de la población a un punto álgido. El asesino, que se hacía llamar Jack el Destripador, iba a enviar más mensajes. Una de sus burlonas comunicaciones fue enviada al Comité de Vigilancia de Whitechapel.

El comité se creó el 10 de septiembre para investigar e identificar al asesino de Whitechapel. Sus miembros, a los que la prensa llamó "detectives aficionados", realizaron algunas patrullas nocturnas por las calles. Aunque el grupo de propietarios de negocios diversos tenía una escasez crónica de fondos, contrataron a dos detectives privados que eran, según decían, "expertos en desentrañar misterios." El 16 de octubre, el Sr. George Lusk, que era presidente del Comité de Vigilancia de Whitechapel, recibió un paquete. Contenía una nota manuscrita que decía que el paquete contenía medio riñón. El escritor decía que había frito y comido la otra mitad. Prometió que podría enviar a Lusk el cuchillo que había utilizado para extraer el riñón si el caballero esperaba un poco. Lusk y su comité, al igual que la policía, ya habían recibido varias cartas sobre los asesinatos de Whitechapel. Las descartaron todas como bromas. Sin embargo, para asegurarse de que este paquete era realmente una pista falsa, Lusk llevó el contenido a un médico local. Éste les aseguró que el contenido parecía ser medio riñón humano. El riñón fue entregado a la Policía Metropolitana. El Dr. Frederick Brown, cirujano de la policía, lo llevó al Hospital de Londres para consultarlo con el Dr. Thomas Openshaw, conservador de patología. Openshaw determinó que pertenecía a una mujer de unos cuarenta y cinco años que padecía la enfermedad de Bright. Se pensó que el riñón derecho restante en el cuerpo de Eddowes también mostraba signos de la enfermedad de Bright o nefritis. El regalo de Lusk de Jack el Destripador nunca se identificó definitivamente como procedente de Catherine Eddowes, pero sí era un órgano humano.

En la Gran Bretaña de finales de la época victoriana, al igual que hoy, la idea del canibalismo era extremadamente aborrecible y constituía un entretenimiento especialmente delicioso. Los horripilantes episodios de los libros populares sobre aventuras de alegres ingleses en colonias lejanas habitadas por tribus primitivas incluían invariablemente el canibalismo. Por ejemplo, se contaban historias sobre el jefe de Fiyi, Ratu Udre Udre, de quien se decía que había consumido 872 personas. El escritor R.M. Ballantyne deleitó a su público juvenil con su libro

La isla del coral (1857) describiendo con detalle sangriento las diversas formas en que los salvajes del Pacífico Sur se mataban entre sí y se comían a sus enemigos. El canibalismo, en la época de los asesinatos del Destripador, se consideraba tan horrible como hoy.

Poco después de hacerse públicos los resultados de la consulta en el hospital sobre el riñón, el doctor Openshaw recibió una carta firmada "Jack el Destripador". En un inglés primitivo, el escritor decía: "Iba a dror mi nife along of er bloomin throte them cusses of coppers spoilt the game but I guess I wil be on the job soon and will send you another bit of innerds".

El interés generalizado por los asesinatos hizo que se enviaran miles de cartas a las autoridades ofreciendo ayuda para resolver el misterio. Entre las numerosas sugerencias, la mayoría tratadas como totalmente descabelladas por la policía, se incluía la propuesta de alistar a algunas mujeres en el cuerpo de policía y enviarlas a las calles por la noche para atraer al autor del crimen y así detenerlo. El Dr. L. Forbes Winslow, que se identificó como especialista en trastornos mentales, dio un consejo similar. Propuso que los vigilantes de los hospitales psiquiátricos se vistieran de mujeres señuelo. Estarían bien equipados por su formación para contener a un maníaco homicida. Además, dijo, habría que buscar en todos los manicomios del país los nombres de los pacientes dados de alta y fugados, suponiendo que alguno de ellos pudiera haber tenido una recaída.

Aparte de las ridículas y sensatas sugerencias, la policía recibió montones de cartas del aparentemente infinito número de bromistas y chistosos del público británico. Entre las más notorias había una que decía:

No soy un carnicero

No soy un judío

Ni tampoco un patrón extranjero,

Pero soy tu propio amigo de corazón ligero,

Atentamente, Jack el Destripador.

Otro poema que apareció en la época terminaba con los versos:

Dos pequeñas rameras, temblando de miedo, buscan una puerta acogedora en medio de la noche.

El cuchillo de Jack parpadea, luego sólo hay uno, y el último es el más maduro para la idea de diversión de Jack.

El 23 de octubre, Robert Anderson, jefe del Departamento de Investigación Criminal de la Policía Metropolitana, escribió al Ministerio del Interior en respuesta a una solicitud de información sobre el estado de la investigación de los asesinatos de Whitechapel. Explicó que los crímenes de este tipo cometidos sin que el criminal deje ninguna pista son inusuales. Además, dijo que los cinco asesinatos (incluyó el de Tabram) debían haber sido "cometidos sin que tuviéramos la más mínima pista de ningún tipo es extraordinario, si no único, en los anales del crimen".

6

¿La última víctima? Mary Jane Kelly

EL 9 DE NOVIEMBRE, el encargado de una casa de huéspedes envió a su ayudante, Thomas Bowyer, a cobrar el alquiler atrasado de Mary Jane Kelly. Ella había ocupado una habitación individual en la planta baja del número 13 de Miller's Court, pero aún no había pagado el alquiler. Bowyer se dirigió a otra residencia donde se decía que Kelly se había instalado con su compañero. No hubo respuesta a los golpes de Bowyer en la puerta del apartamento de Kelly. Se dirigió a una ventana rota. Metió la mano en el interior y retiró la cortina. Vio dos trozos de carne sobre una mesa y sobre la cama. Vio un cadáver descuartizado y observó que el suelo estaba inundado de sangre. Bowyer corrió a ver a su jefe y le informó de lo que había visto. Los dos fueron entonces a Miller's Court y, a través de la ventana, inspeccionaron la habitación de Mary Kelly con más atención. Sobre la cama ensangrentada, vieron un cuerpo y el contenido del abdomen esparcido. Enviaron a Bowyer a la comisaría de la calle Commercial.

Trajo consigo al inspector Beck. Beck miró a través de la ventana e inmediatamente llamó al superintendente de división Arnold. También se avisó al inspector Abberline y al doctor Phillips.

Abberline llegó sobre las 11.30 horas y ordenó que se acordara el lugar de los hechos. El Dr. Phillips, mirando por la ventana, comprobó que la víctima estaba muerta. Dijo que no podía hacer nada más. Abberline y Phillips pensaron que era una excelente oportunidad para probar la recién creada unidad policial de sabuesos. Mandaron llamar a los perros, pero debido a la confusión en la dirección de la Policía Metropolitana, no llegaron. Los policías esperaron hasta la 1.30, y cuando los perros y sus adiestradores aún no habían llegado, rompieron la ventana y enviaron a un fotógrafo a la habitación para grabar la escena del crimen. Posteriormente derribaron la puerta con un hacha.

Cuando la policía entró por fin en la pequeña habitación, inspeccionó el montón de carne que había sobre la mesilla de noche. El cuerpo estaba vestido únicamente con una camisa de lino. Estaba tumbado en el borde de la cama. El Dr. Phillips, basándose en la localización de la sangre en la cama, determinó que a la víctima le habían cortado la arteria carótida derecha antes de que el cuerpo fuera movido ligeramente. El abdomen de Mary Kelly había sido desgarrado. Le habían quitado los dos pechos. El brazo izquierdo estaba casi completamente separado del cuerpo.

La nariz había sido cortada, la frente desollada y los muslos estaban desprovistos de piel. Le habían sacado las entrañas.

Una mano cortada fue introducida en el estómago.

La policía y el Dr. Phillips encontraron las ropas de la víctima pulcramente dobladas sobre una silla. Había cenizas calientes en la rejilla. Había restos de ropa femenina en la chimenea. La policía hizo fotografiar cuidadosamente los ojos de la víctima. Esto se ordenó porque la ciencia forense de la época sostenía que las últimas impresiones de un moribundo quedaban grabadas en la retina.

La víctima de este horrendo asesinato, Mary Jane Kelly, era, según todos los informes, una prostituta. En un momento de su carrera, fue a París en compañía de un hombre. La identidad de este individuo nunca se estableció, pero algunos creen que fue el artista Walter Sickert.

También se dijo que Mary trabajaba en una tienda de Cleveland Street donde, según se dice, el príncipe Alberto Víctor, nieto de la reina Victoria, se reunió con Annie Crook para mantener una relación sexual. Según las habladurías, engendró un niño.

Este niño fue supuestamente cuidado por Mary Kelly.

Los datos relativos a la vida de Mary Kelly son más bien escasos.

Es posible que se casara con un hombre llamado Davis o Davies, pero al morir éste, en un accidente minero, se dedicó a la prostitución. En 1887 conoció a un portero llamado Joseph Barnett, y vivió con él en varias casas de huéspedes en Spitalfields y Whitechapel, estableciéndose finalmente en una habitación en el 13 de Miller's Court.

Dijo que habían discutido por la generosidad de Mary al dejar que otra prostituta se quedara en su habitación.

Tiraron los muebles y rompieron la ventana. Barnett dejó a Kelly el 30 de octubre pero siguió visitándola ocasional-mente en su habitación.

. . .

La policía rastreó los movimientos de Mary Kelly, de 25 años, inmediatamente antes de su asesinato. Varios testigos aportaron información. El 8 de noviembre, estuvo en Miller's Court y sus alrededores durante todo el día. Fue vista en compañía de una prostituta, Maria Harvey, y Barnett visitó a Mary por la tarde entre las 7.30 y las 8.

Después, fue vista en varios locales de copas acercándose a hombres como posibles clientes.

Hacia las 11.45 fue vista por Mary Ann Cox en la entrada de Miller's Court hablando con un hombre. Varios otros residentes de la Corte la oyeron cantar durante una hora después de la medianoche. Al parecer volvió a salir porque otro testigo, George Hutchinson, la vio a las 2.00 de la madrugada del 9 de noviembre en la zona de Flower & Dean Street. Mary Kelly le pidió 6 peniques. Él no tenía dinero para darle. Al separarse, se dio cuenta de que se le acercaba un hombre. Los siguió hasta Miller's Court. Esperó un rato fuera del juzgado y luego se fue a casa. Alrededor de las 4 de la mañana, la mujer que vivía en la habitación justo encima de Mary Kelly se despertó al oír un grito de "Asesinato". Pensó que era la voz de una mujer y que provenía del Juzgado bajo su ventana. Ella no hizo nada, ya que este tipo de riña ocurría regularmente en la zona. Esta fue la última vez que alguien vio o escuchó a Mary Kelly. Otra mujer que vivía cerca también escuchó un grito alrededor de las 2.30 am. Miró por la ventana y vio a un hombre merodeando en la entrada de Miller's Court. Se quedó dormida un rato y justo antes de las 4.00 am oyó a alguien gritar "Asesinato".

Al igual que el primer testigo, no prestó atención al grito.

La investigación sobre la muerte de Mary Kelly fue abierta por el Dr. Macdonald, el juez de instrucción del distrito noreste de Middlesex, el 12 de noviembre de 1888.

Al igual que todos los procedimientos de las investigaciones anteriores sobre los asesinatos de mujeres en Whitechapel y la ciudad de Londres, las actas se publicaron en los periódicos para el consumo público. Asistieron a la investigación el comisario T. Arnold, de la División H, y el inspector Abberline, del Departamento de Investigación Criminal. La investigación duró sólo un día.

Después de escuchar a varios de los testigos que habían visto a Kelly el día anterior a su asesinato y a las mujeres que habían oído una llamada de "Asesinato" procedente de Miller's Court, el forense llamó al jurado para que emitiera un veredicto. Entre las ausencias en el proceso estaba cualquier informe sobre la autopsia de la víctima realizado por el Dr. Philips o el testimonio de George

Hutchinson, quien se supone que pudo dar una buena descripción del hombre que fue visto por última vez con Mary Kelly. El jurado, tal y como se le instruyó, llegó a un veredicto de asesinato intencionado por parte de una persona o personas desconocidas.

La brevedad de la investigación no pasó desapercibida para la prensa. El Daily Telegraph señaló que era un poco precipitado convocar la investigación incluso antes de que los familiares de la fallecida hubieran tenido la oportunidad de identificar su cuerpo. Según el periódico, había suficientes irregularidades en el proceso como para justificar uno nuevo. La ausencia del testimonio de George Hutchinson fue particularmente inusual.

El 12 de septiembre, el día de la investigación, había acudido a la comisaría de Commercial Street y había prestado declaración. Describió al hombre que vio con Mary Kelly en la entrada de Miller's Court. Tenía unos 34 o 35 años de edad y medía 1,65 metros de altura. Tenía una complexión pálida, ojos oscuros, un bigote rizado a los lados y pelo oscuro. Llevaba un abrigo largo y oscuro con cuello y puños de astracán (lana de cordero oscura y rizada), una chaqueta oscura, un chaleco claro, pantalones oscuros y un sombrero de fieltro oscuro. Llevaba botas de botones y polainas con botones blancos. Llevaba una gruesa cadena de oro y un cuello de lino blanco alrededor del cuello. Llevaba una corbata negra y se fijaba con un alfiler de herradura. Su aspecto era judío. Hutchinson afirmó que podía identificar al hombre.

Otra testigo que no fue llamada a la investigación dijo que había visto a un hombre que podría haber sido el asesino. Describió lo que vio a un periodista de The Times. Sus observaciones se publicaron en la edición del 10 de noviembre del periódico. Dado que hay mucha gente en Whitechapel que afirma haber visto todo tipo de cosas, es posible que la declaración de la Sra. Paumier, una vendedora ambulante, sea falsa. Sin embargo, se corresponde en gran medida con las observaciones de Hutchinson. Paumier dijo que el hombre que había visto estaba vestido como un caballero. Le había preguntado si había oído hablar del asesinato en Dorset Street (Miller's Court estaba junto a Dorset Street, en Spitalfields). Ella dijo que sí. El hombre dijo entonces que sabía más que ella sobre el asesinato.

Se marchó, echando una última mirada por encima del hombro. Según la Sra. Paumier, el hombre medía 1,70 metros, llevaba bigote negro, sombrero de seda negro, abrigo negro y pantalones moteados. Llevaba un bolso negro brillante.

La investigación parece haber sido abreviada por las autoridades en un intento de amortiguar el frenesí público por los asesinatos. Hay informes de que individuos con un parecido físico con el asesino, tal y como se describe en la prensa, y hombres con ropa similar a la que se dice que llevaba el asesino, fueron perseguidos por turbas en Whitechapel. El pánico se apoderó de las mujeres del barrio, que tenían tanto miedo que se negaban a salir por la noche. La prensa avivó la histeria imprimiendo relatos escabrosos sobre el asesinato de Mary Kelly.

Cuando Mary Kelly fue finalmente enterrada el 18 de noviembre, una multitud de centenares de personas que buscaban emociones acudieron al servicio fúnebre en la iglesia de Shoreditch. Las cosas se calmaron durante un tiempo, pero el intento de asesinato de una prostituta, Annie Farmer, el 21 de noviembre de 1888, provocó un breve alboroto. Fue asaltada en su casa. La encontraron gravemente herida en la garganta, de pie en su cocina. El agresor escapó. A primera vista parecía obra de Jack el Destripador, pero cuando se averiguaron los detalles, resultó que el ataque formaba parte de una disputa por dinero. Annie Farmer se recuperó de su roce con un cliente insatisfecho.

El miedo que se extendió en Whitechapel al conocerse la noticia del asalto a Annie Farmer era palpable. Aunque la policía descartó rápidamente la posibilidad de que se tratara de otra víctima de Jack el Destripador, el público siguió siendo aprensivo. Tenían razón, ya que la calma en el distrito se rompió cuando el agente Walter Andrew descubrió el cuerpo de una mujer el 17 de julio de 1889, poco menos de diez meses después del asesinato de Mary Kelly.

En su ronda, encontró el cadáver de Alice McKenzie en Castle Alley, junto a Whitechapel High Street. Utilizando su silbato, alertó a su sargento, que acudió corriendo al lugar.

Los dos observaron el cuerpo, que encontraron bastante caliente. Las faldas de la mujer estaban subidas por la cintura, dejando al descubierto sus piernas con medias. Debajo de la cabeza había un charco de sangre. Debajo del cuerpo recostado había una pipa de arcilla. Era una afectación bien conocida de Alice McKenzie fumar en pipa. Por eso era conocida como "Claypipe Alice".

Alice vivía con un jornalero, John McCormack. La noche anterior a su muerte, él le había dado algo de dinero y ella había salido. Dijo que se ganaba la vida como limpiadora y como sastre. La policía pensó que se ganaba la vida como prostituta. Sea como fuere, se sabía que era una bebedora empedernida.

Se llamó al Dr. Phillips, que llegó en poco tiempo. Más tarde describió la escena con cierto detalle. Alice estaba tumbada de lado. Le habían cortado el cuello y su ropa estaba revuelta, dejando al descubierto sus genitales. En la autopsia realizada el mismo día, se determinó que su cuello no había sido cortado sino apuñalado dos veces mientras ella estaba en el suelo. Descubrieron un corte en el abdomen desde el pecho hasta el ombligo. Esto, así como algunas heridas menores en la región de los genitales, determinaron que habían sido infligidas después de la muerte de la víctima. El Dr. Phillips creía que este asesinato no era obra de Jack el Destripador. El abdomen no había sido abierto. Además, el arma utilizada le parecía más corta que la de los asesinatos del Destripador. Un segundo patólogo, el Dr. Thomas Bond, fue llamado para examinar el cadáver y estudiar el informe del Dr. Phillips. Aunque los dos médicos coincidían en el carácter de las heridas, el segundo consultor sí creía que este asesinato se parecía lo suficiente a los del Destripador como para atribuírselo. El comisario de la policía metropolitana, James Monro, que llegó al lugar del asesinato poco después de las tres de la madrugada, informó posteriormente al gobierno de que se inclinaba por atribuir el asesinato a Jack el Destripador. La prensa no tuvo reparos en ponerse del lado de los que creían que el Destripador había vuelto. En el East London Observer se informó de que "el demonio de los asesinatos ha vuelto a hacer su espantoso trabajo". El artículo continuaba con la observación de que este asesinato se ajustaba perfectamente a los homicidios anteriores. El artículo del periódico pintaba una imagen bastante sombría del callejón Castle, donde se había descubierto el cuerpo.

. . .

Se describía como "probablemente uno de los barrios más bajos de todo el este de Londres". El callejón estaba, decía el periodista, bloqueado por carros, carretas y carretillas de vendedores ambulantes. Estaba más o menos oculto desde la carretera principal. En un punto se estrechaba hasta tener menos de un metro de ancho. El callejón conducía a las calles Newcastle y Wentworth, "ambas", señaló el escritor, "ocupadas principalmente por judíos extranjeros y por los habitantes de las casas de hospedaje".

El interés público por este crimen duró poco. El escándalo de Cleveland Street, que tenía la perspectiva mucho más jugosa de involucrar a ingleses de alta cuna, inundó la prensa. Al año siguiente parecía que el Destripador había vuelto. El 15 de febrero de 1891, se encontró la víctima de otro homicidio. El agente de policía Benjamin Leeson, respondió al silbido de un colega y corrió a ayudar. Le mostraron el cuerpo de una mujer tendida en el suelo. La reconoció como "Carroty Nell" o Frances Coles. La víctima conservaba algo de vida, aunque expiró rápidamente. Se pensó que al descubrir a Coles la policía había asustado al autor del crimen, por lo que rápidamente se puso en marcha una caza policial masiva. Se buscaron datos en todas las residencias cercanas. Al rastrear lo que parecía ser un sombrero nuevo que llevaba la víctima, la policía pudo centrar sus sospechas en James Sadler, un bombero de barco, que había estado con la víctima en su casa de huéspedes durante una hora y que volvió allí más tarde por la noche con las manos ensangrentadas. Sadler fue detenido por la policía y recluido en la prisión de Holloway.

Justo antes de la detención de Sadler, un hombre llamado Aaron Kosminski fue detenido y recluido en un manicomio. No se sabe si la policía tenía la corazonada de que Kosminski estaba relacionado con el asesinato de Frances Coles. Es cierto que uno de los testigos del caso Coles y judío sin nombre, quizás Joseph Lawende, no identificó a Sadler como el Destripador. Aunque éste negó haber asesinado a Coles, la policía estaba convencida de haber detenido al asesino en este caso.

Los periódicos hicieron todo lo posible por avivar el fuego, repitiendo una y otra vez que Coles había sido asesinado por el Destripador y que Sadler, el Destripador, había sido finalmente capturado. Sadler obtuvo un excelente consejo para su defensa. Se demostró que la sangre de sus manos procedía de su ataque en la calle la noche del asesinato. Su abogado presentó declaraciones de carácter totalmente convincentes de los antiguos empleadores del acusado. Los fiscales acordaron a regañadientes que carecían de pruebas suficientes para seguir adelante con el juicio y el caso fue abandonado. Esto no tuvo ningún efecto en la prensa. Ignoraron el hecho de que habían dicho que Sadler era el Destripador y continuaron con un aluvión de artículos que implicaban a Jack el Destripador con el asesinato de Frances Coles.

· · ·

A pesar de los informes de la prensa de que Alice McKenzie y Frances Coles fueron víctimas del Destripador, muchos de los que se han dejado llevar por el misterio de los asesinatos de Whitechapel han llegado a la conclusión de que los asesinatos de McKenzie y Coles fueron, lo que hoy llamaríamos, asesinatos de imitación.

7

Whitechapel en la época de Jack el Destripador

EL EAST END de Londres se convirtió en un imán para los pobres y para los inmigrantes, ya que ofrecía alojamientos mucho más baratos que los de la adyacente y rica City de Londres. En la madriguera de callejones, callejuelas, calles comerciales abarrotadas y pequeñas fábricas, los habitantes llevaban en su mayoría una vida precaria. Los barrios conocidos como Spitalfields y Whitechapel estaban habitados por los pobres y la clase trabajadora. Los edificios, densamente apiñados y destartalados, se transformaban cada vez más en casas de huéspedes. Éstas protegían de las inclemencias del tiempo a las masas que reunían pequeñas cantidades de dinero para pagar un techo. Algunos de los barrios marginales fueron eliminados en 1848, cuando se mejoró la calle Commercial y se construyeron bloques de viviendas para artesanos. Por mucho que las autoridades municipales intentaran desalojar los barrios bajos en varias ocasiones, no pasó mucho tiempo antes de que otras zonas llenaran el vacío y las estructuras se transformaran en viviendas ruinosas.

Los barrios de Spitalfields y Whitechapel, en el East End de Londres, se convirtieron en un imán para los inmigrantes. Miles de irlandeses acudieron a estos barrios en el siglo XIX. Los judíos desplazados de Europa del Este llegaron por decenas de miles a instalarse en el distrito. Los pobres desplazados del campo de Inglaterra, Escocia y Gales también encontraron refugio en los barrios bajos de Londres.

La pobreza del East End de Londres era muy conocida por todos, excepto por los más ciegos de los ricos que vivían en los distritos de la City de Londres y su vecino del oeste, el barrio de Westminster. Un periodista de mediados del siglo XIX dijo que para los millones de personas que vivían en la "más espantosa pobreza" había cinco establecimientos que definían sus vidas. La iglesia, el palacio de la ginebra, donde "los miserables acuden a ahogar sus penas", los prestamistas, la cárcel y el asilo. Todos estos lugares fueron protagonistas en la vida de las víctimas de Jack el Destripador. Diez años después de los asesinatos del Destripador, un reformador social llamado Charles Booth publicó los dos primeros volúmenes de su obra Life and Labour of the People of London. Contenían mapas de la pobreza basados en las investigaciones realizadas por su equipo en las calles de Londres. El mapa de Whitechapel ofrece una prueba gráfica de las condiciones sociales en la zona donde vivía Jack el Destripador. Muestra un número asombroso de zonas abarrotadas de "clases criminales", un término que estaba ganando adeptos en la época.

Las condiciones de las zonas más pobres de Londres fueron tales que contribuyeron de forma considerable al auge del socialismo en el Reino Unido. La mayoría de las diversas corrientes de pensamiento socialista incluían la necesidad urgente de una reforma moral, así como la mejora de las condiciones de vida y de trabajo de los pobres y de las clases trabajadoras. En el East End, sobre todo los filántropos cristianos y sus aliados socialistas se vieron impulsados a actuar.

Entre las organizaciones filantrópicas que se crearon en aquella época estaba el Ejército de Salvación, fundado por William Booth y su esposa Catherine en el East End en 1865. La organización cristiana informó de que, en 1890, entre la población del Gran Londres, que ascendía a unos 5,6 millones de personas, había 30.000 prostitutas y 32.000 personas en prisión. En 1889, las condenas por embriaguez ascendían a 160.000 y el número de suicidios era de 2.297.

. . .

Unas 2.157 personas fueron encontradas muertas en las calles. Se calcula que una quinta parte de la población era indigente. El número de personas en casas de trabajo y asilos era grande. La pobreza y el hambre son moneda corriente.

La frenética actividad en las calles de Whitechapel reflejaba la precaria vida de los habitantes de la zona. Los hombres encontraban trabajo como jornaleros conduciendo carros o izando cargas en los cercanos muelles de Londres.

Algunos tenían un empleo más regular en curtidurías, cervecerías y pequeñas tiendas que fabricaban desde barriles hasta telas. Las mujeres, sobre todo las solteras, tenían muchas menos posibilidades de evitar el hambre. Sus opciones de empleo eran limitadas. Trabajar en tiendas o vender mercancías en la calle eran dos de las pocas posibilidades. La delincuencia estaba muy extendida. Esto fue particularmente un problema después del fin del transporte de convictos a mediados de la década de 1850. Los delincuentes que antes eran enviados a las colonias eran encarcelados en Inglaterra y sus sentencias eran acortadas. Sin ninguna forma de corrección en las prisiones, los fugados y los liberados estaban casi seguros de volver a sus actividades delictivas. Las descripciones de la vida entre las clases criminales fueron difundidas por la prensa y por novelistas como Charles Dickens en su novela Oliver Twist publicada por entregas en Bentley's Miscellany entre 1837 y 1839. No fue hasta el final del siglo que hubo un atisbo de comprensión de la mente criminal. El darwinismo social se puso de moda y los delincuentes pasaron a identificarse con individuos que sufrían anomalías de comportamiento. Éstas se atribuían a una mala educación y a la herencia. Se veían exacerbadas por una serie de peligros para la salud que iban desde la desnutrición hasta la adicción y los traumas, pasando por las enfermedades de transmisión sexual.

La gran mayoría de los delitos en el Londres de finales de la época victoriana eran delitos menores de robo.

El azote de los carteristas, como el huérfano ficticio Oliver Twist, pasaba en su mayor parte desapercibido y la mayoría de sus víctimas no informaban a la policía de sus pérdidas.

Se denunciaban robos más graves y la policía hacía algún esfuerzo por detener a los culpables. Las agresiones son frecuentes, pero se atribuyen a la embriaguez y rara vez se persiguen. El delito más grave, el homicidio, es poco frecuente. Cuando ocurría, la ma yoría de las veces impulsaba a la prensa a imprimir informes exagerados con muchos detalles macabros. En Cannon Street, en 1866, un ama de llaves Sarah Millson fue encontrada asesinada en un almacén de la ciudad de Londres. Se descubrió que estaba siendo chantajeada. Su chantajista fue exonerado del crimen y el asesino nunca fue capturado. En 1872, en Great Coram Street, una prostituta, Harriet Buswell, fue recogida por un hombre que, según los testigos, hablaba con acento alemán. La encontraron degollada en su habitación. El capellán de un barco alemán fue detenido y acusado, pero proporcionó una coartada sólida y fue liberado. La policía nunca abandonó la creencia de que fue él quien había enviado a Harriet Buswell. El asesinato de mujeres no era desconocido en los años inmediatamente anteriores a que el Destripador acechara las calles de Whitechapel.

El crimen más notorio de la época en que Jack el Destripador se ensañó con ellas se conoce como el escándalo de Cleveland Street. Ocurrió en 1889.

Apenas 8 meses después del asesinato de Mary Kelly, un agente de policía descubrió al entrevistar a un posible ladrón que había un burdel masculino en Cleveland Street. El caso fue entregado al detective inspector Frederick Abberline.

Éste fue al burdel para detener al propietario. El "club" estaba cerrado. Su propietario había huido a Gravesend. A través de uno de los "chicos de alquiler" del club, Abberline se enteró de que Lord Arthur Somerset y Henry FitzRoy, conde de Euston, habían sido clientes del burdel. Entrevistaron a un muchacho que afirmaba haber recibido dinero por mantener relaciones sexuales con Somerset en el burdel de Cleveland Street. Al concluir la entrevista, el testigo, Algernon Allies, huyó al continente, concretamente a Bad Homburg, donde se observó que el príncipe de Gales, el futuro rey Eduardo V II, estaba pasando sus vacaciones de verano. Dos muchachos que frecuentaban el burdel fueron juzgados. Sus gastos legales fueron pagados por Lord Somerset que se había trasladado a Hannover con el propósito, según él, de inspeccionar unos caballos para el Príncipe de Gales. Los prostitutos fueron declarados culpables y recibieron una sentencia indulgente. El propio Somerset se trasladó de Europa a América. Las autoridades no pidieron su extradición. Pasó el resto de su vida en Francia. A principios del nuevo año, la policía había identificado a unos sesenta sospechosos como habituales del burdel de Cleveland Street. Hasta 22 habían huido del país.

8

Sospechosos habituales e inusuales; antes y ahora

EN SU MAYOR PARTE, se desconoce cuál era el pensamiento, en su momento, de las autoridades respecto a la identidad de Jack el Destripador. Muchos de los implicados en la investigación guardaron silencio. Sin embargo, finalmente un escritor, el inspector de prisiones, el mayor Arthur Griffiths, escribió sobre el caso. Aunque no formaba parte del equipo de investigadores, reveló algo de los tejemanejes de la policía de la época. Griffiths, en su libro Mysteries of Police and Crime (Misterios de la policía y el crimen), publicado en 1898, una década después de los asesinatos de Whitechapel, escribió que, tras el asesinato de Mary Kelly, la policía estaba buscando a varios locos homicidas conocidos por ellos. De ellos, tres le parecieron a Griffiths, probables como posibles sospechosos. Entre ellos se encontraba un judío polaco, que era alguien conocido por haber sido visto con frecuencia deambulando por las calles de Whitechapel.

· · ·

Finalmente fue encarcelado en un manicomio y declarado demente. Otro era un médico ruso conocido por llevar consigo sus instrumentos quirúrgicos. El tercer sospechoso entre los locos era el Sr. M.J. Druitt. Era, dijo Griffiths, un médico. Los que conocían a Druitt sospechaban de su cordura. Desapareció después del asesinato de Mary Kelly.

Su cuerpo flotó en la superficie del Támesis el último día de 1888. Los médicos forenses concluyeron que había estado en el agua durante un mes. Algunos policías creyeron que, tras despachar a Kelly, ésta perdió la cabeza por completo y se suicidó. Griffiths concluyó su pasaje sobre los sospechosos que era "al menos una fuerte presunción" que Jack el Destripador murió o fue capturado por algún otro crimen después del asesinato de Kelly.

Sir Melville Macnaghten se convirtió en jefe de la División de Investigación Criminal de la Policía Metropolitana en 1889. Aunque no estuvo íntimamente involucrado en la investigación de los asesinatos de Whitechapel cuando éstos ocurrieron, desarrolló una teoría sobre el culpable. En un memorando de 1894, identificó a Jack el Destripador como Montague J. Druitt. Dijo que creía que Druitt había cometido sólo cinco asesinatos. Las víctimas eran Nichols, Chapman, Stride, Eddowes y Kelly. Señaló que la policía había considerado como posibles sospechosos a un judío polaco llamado Kozminski, a un médico ruso desquiciado, conocido por abusar de las mujeres, y a Druitt.

De los tres sospechosos desquiciados, Macnaghten se decantó por Druitt como el Destripador. Una vez más, Druitt fue identificado erróneamente como médico: era abogado. Se dijo que estaba "sexualmente loco".

Griffiths y Macnaghten no fueron los únicos que contribuyeron a la especulación sobre la identidad de Jack el Destripador. Otros implicados de un modo u otro en la época de los asesinatos de Whitechapel escribieron sus memorias. En sus libros, ofrecieron sus opiniones sobre el crimen. Sir Robert Anderson se convirtió en Comisario Adjunto de la División de Investigación Criminal de la Policía Metropolitana en el momento del último asesinato. Publicó su autobiografía en 1910. Contó sus primeras semanas como comisario en 1888. Fueron dramáticas. Antes de asumir sus nuevas funciones, Anderson se permitió descansar y recuperarse en Suiza. Sus vacaciones se vieron interrumpidas por el asesinato de Mary Jane Kelly. A su regreso a Londres, propuso que la policía arrestara a todas las prostitutas del East End que ofendieran su sentido de la moralidad. Debían advertir a las mujeres de la noche que no podían ser protegidas. En su autobiografía expuso su opinión sobre la culpabilidad. "No hacía falta ser Sherlock Holmes para descubrir que el criminal era un maníaco sexual". Identificó al asesino como un judío polaco de clase baja. Aunque no nombró al culpable, es casi seguro que fue el mismo Kozminski, nombrado por Macnaghten. Al parecer hubo dos testigos que señalaron a Kozminski.

Es probable que fueran Israel Schwartz, que presenció un ataque a Elizabeth Stride en Berner Street justo antes de que fuera asesinada, y Joseph Lawende, que vio a Catherine Eddowes con un hombre a la entrada de Mitre Square. Anderson desestimó la carta que pretendía ser de Jack el Destripador como obra de un "periodista emprendedor".

Afirmó saber quién había escrito la carta, pero no lo divulgó, diciendo que eso arrojaría una mala luz sobre el departamento que una vez había dirigido.

Sir Henry Smith actuaba como comisario de la policía de la ciudad de Londres cuando Catherine Eddowes fue asesinada en la milla cuadrada prácticamente independiente, conocida como la ciudad de Londres. Sus recuerdos de los acontecimientos de 1888 se publicaron por primera vez en la revista Blackwood's Magazine y posteriormente en una autobiografía de 1910. Como rival del comisario de la policía metropolitana, afirmó haber actuado con rapidez tras el asesinato que se produjo bajo su vigilancia. Dijo que envió a docenas de policías a patrullar la zona de Mitre Square de paisano. Contó que se desplazó rápidamente desde la comisaría de Southwark Bridge hasta el lugar del crimen. Denunció la actuación del entonces comisario de la Policía Metropolitana, Sir Charles Warren, que se encargó de borrar las pintadas del lugar antes de que fueran fotografiadas. Smith no ofreció un candidato para el asesino. Sí ofreció un argumento contra la suposición de que el culpable fuera un judío polaco.

Dijo que era poco probable que, si un judío estaba involucrado, sus correligionarios, temiendo ser acusados de ser cómplices, lo hubieran entregado.

Una autobiografía, titulada Recollections of Forty Years (Recuerdos de cuarenta años), escrita por el doctor L. Forbes Winslow y publicada en 1910, es, desde la perspectiva moderna, el más interesante de los primeros textos sobre Jack el Destripador. Winslow era un experto en enfermedades mentales. Su padre había fundado un asilo que Winslow heredó. Era un médico muy instruido que a menudo actuaba como testigo en los tribunales. Cuando ofreció su ayuda a la policía para resolver los Asesinatos de Whitechapel, fue descartado por ser innecesario para su investigación. El desaire ciertamente molestó al orgulloso doctor. Asumió el papel de detective aficionado. En su afán por investigar, recorrió las calles de Whitechapel, conoció a las mujeres del lugar y solicitó cualquier información que pudieran darle. Pronto desarrolló la teoría de que el asesino era un maníaco homicida. Su pensamiento, una forma de perfil forense primitivo, le llevó a concluir que el asesino tenía opiniones religiosas que ponía en práctica al librar las calles de mujeres inmorales. El Dr. Winslow imaginó al asesino como un "hombre de buena posición", un hombre acomodado, que después de cada crimen se retiraba a llevar una vida normal con su familia. En opinión de Winslow, el Destripador sí cambió su modus operandi a medida que evolucionaba la ola de asesinatos y se intensificaba su sentido del deber religioso de actuar contra la inmoralidad. Incluso dijo que era probable que el asesino creyera que trabajaba siguiendo instrucciones de Dios.

El Dr. Winslow pensó que hubo ocho víctimas del desenfreno monomaníaco religioso del Destripador. La primera fue una persona no identificada asesinada en julio de 1887.

Después de los asesinatos de las que hoy se consideran las cinco víctimas canónicas del Destripador, Winslow pensó que el Destripador tuvo un "intervalo lúcido" antes de atacar y matar a Alice McKenzie en julio de 1889. La teoría de Winslow sobre la psicología del autor del crimen era sorprendentemente parecida a la que sostienen los psicólogos forenses que trabajan hoy en día. Pensaba que el culpable que disfrutaba de períodos de cordura era el tipo de persona que nadie consideraría como asesino.

Posiblemente era totalmente ajeno a sus acciones pasadas en estos periodos de lucidez.

En agosto de 1889, a Winslow le pareció que estaba en el camino correcto. Una mujer le dijo que un hombre había intentado secuestrarla la noche del asesinato de McKenzie.

Ella escapó de sus garras y le vio entrar en un juzgado, donde le vio lavarse la sangre de las manos.

Winslow se dirigió a una casa de huéspedes en el patio y le dijeron que se había alquilado una habitación a un hombre que se ajustaba a la descripción proporcionada por la mujer afortunada. El encargado de la casa de huéspedes describió el peculiar comportamiento del inquilino. Dijo que su excéntrico inquilino se cambiaba de ropa con frecuencia.

Llevaba goma sobre las botas. Había salido de su habitación en agosto y dijo que se iba a Canadá. Winslow se dedicó a averiguar todo lo que pudo sobre el misterioso inquilino. Era conocido por su comportamiento excéntrico, si no loco. Su casero dijo que hablaba regularmente de los males de la prostitución. Escribía tratados religiosos incoherentes llenos de veneno hacia las prostitutas.

Algunos de estos ensayos los leía en voz alta al encargado del alojamiento.

Con esta nueva información en la mano y llevando un par de botas de goma cubiertas de sangre que había encontrado en la habitación de los locos, Winslow fue a la policía. Se negaron a considerar su descubrimiento. En un arrebato, Winslow entregó sus pruebas a la edición londinense del New York Herald. Lo que convenció al doctor de que realmente había descubierto la identidad del Destripador fue el hecho de que los asesinatos cesaron tras la publicación de su investigación. La policía siguió la teoría de Winslow. Identificaron al misterioso inquilino como G. Wentworth Bell Smith. Su nombre aparecía en un documento preparado por el inspector jefe Donald Sutherland Swanson tras el asesinato de Martha Tabram.

Swanson fue el oficial encargado de los asesinatos de Whitechapel hasta que el subcomisario Dr. Robert Anderson regresó del continente el 6 de octubre de 1888.

G. Wentworth Bell Smith era un personaje peculiar. Decía ser canadiense y representante en Londres del Toronto Trust. Tenía la costumbre de guardar revólveres cargados en su habitación. Con un metro y medio de altura, se parecía a los hombres que los testigos habían visto con las víctimas de los asesinatos de Whitechapel. Tenía la tez y el pelo oscuros, y con un bigote y una barba desordenados, tenía un aspecto desaliñado y sin afeitar. El doctor Winslow dijo que tenía en su poder las botas de goma manchadas de sangre que se llevaron de la habitación de Bell Smith y tres pares de zapatos de mujer y lazos, plumas y flores del tipo que llevan las prostitutas que había recogido del alojamiento de Bell Smith. Estos últimos artículos tienen toda la pinta de ser recuerdos de crímenes.

La autobiografía de Winslow reavivó el interés por el caso de Jack el Destripador. Recibió cartas proponiendo soluciones a los crímenes. Hizo un seguimiento de una de ellas.

Era una comunicación de una mujer de Melbourne, Australia. Le decía que el Destripador había ido a Australia. La corresponsal lo conocía como conocedor de la anatomía.

La mujer decía que se había trasladado a Sudáfrica, donde trabajaba en el ferrocarril. La autora de la carta, sin nombre, informó a Winslow de que esperaba que, con esta nueva información, un estudiante de medicina irlandés en Londres llamado William Grant Grainger pudiera ser exonerado de su condena por el delito de agresión a una prostituta en marzo de 1895.

. . .

Grainger apuñaló a Alice Graham en el abdomen. Alegó que su acción se precipitó por una disputa sobre el precio de sus servicios. Graham, que tenía síntomas de locura periódica, fue declarado culpable y encarcelado durante siete años. Tuvo la mala suerte de tener como abogado a un individuo con afinidad por la notoriedad. El abogado de Grainger admitió que su cliente era Jack el Destripador.

Winslow no quiso saber nada de esto después de recibir información de Australia. Trabajó en los tribunales para exonerar al pobre Grainger.

En vísperas de la Primera Guerra Mundial, Sir Melville Macnaghten publicó un segundo volumen de sus reminiscencias. El interés por el caso del Destripador habría garantizado unas ventas rápidas del libro. En él, Macnaghten no reveló mucha información nueva. Dijo que desde el principio creyó que la carta enviada a la Agencia Central de Noticias no era del "loco malvado que había cometido los asesinatos".

Reiteró su creencia de que el aumento de espeluznantes asesinatos condujo al colapso de la mente del asesino y a su suicidio.

Entre los libros que siguieron a las memorias de los principales miembros del cuerpo de policía en la época de

Jack el Destripador, hubo una serie de volúmenes escritos por figuras menores que se aprovecharon de su supuesto conocimiento interno del pensamiento policial sobre el caso.

Arthur Fowler Neil era sargento detective en 1903. En sus memorias, Forty Years of Manhunting (1932), contó la historia de la detención de George Chapman, que muchos creen que era Jack el Destripador. Chapman fue detenido en 1902 y acusado de los asesinatos de Maud Marsh, Mary Spink y Bessie Taylor. Todas eran sus ex amantes. Todas fueron envenenadas presumiblemente con antimonio que Chapman compró en una farmacia. La investigación de los asesinatos reveló que Chapman nació como Severin Antoniovich Klosowski en Polonia en 1865. Llegó a Inglaterra alrededor de 1887 y trabajó en una barbería en Whitechapel High Street. Estaba muy cerca de George Yard, donde se encontró el cuerpo de Martha Tabram en agosto de 1888. Chapman ascendió en su profesión de peluquero.

Poco después de los asesinatos de Whitechapel, Chapman emigró a Estados Unidos.

Permaneció allí un par de años y luego regresó a Inglaterra y retomó su antigua profesión en Whitechapel antes de verse reducido a trabajar en un pub. El jurado del juicio de Chapman emitió un veredicto de culpabilidad en el caso de Maud Marsh. Fue ahorcado el 7 de abril de 1903. Se informó de que el inspector Abberline dijo al agente que detuvo a Chapman: "¡Por fin tenéis a Jack el Destripador!"

Abberline tenía en mente a Chapman desde hace tiempo después de los asesinatos de Whitechapel. Fue el parecido entre Chapman y las descripciones de los testigos oculares de los hombres vistos con las mujeres fallecidas lo que le puso sobre la pista. A todos los detectives del caso del Destripador se les había aconsejado que vigilaran a los hombres polacos, que, según el doctor Thomas Dutton, tenían un carácter violento e imprevisible, poca consideración por las mujeres y probablemente una formación médica.

El misterio de la identidad de Jack el Destripador se vio agravado por el misterio del Dr. Thomas Dutton. Nació en 1854 y murió en la pobreza en 1891. Al parecer, el Dr. Dutton escribió un libro de tres volúmenes que tituló Crónica del crimen. Consistía en sus notas y observaciones sobre los principales crímenes durante un período de sesenta años. Entre ellos estaban los asesinatos del Destripador. El texto de Dutton fue mostrado a Donald McCormick, quien incorporó las notas que tomó de él en su libro The Identity of Jack the Ripper (1959).

· · ·

La Crónica del crimen escrita a mano por Dutton ha desaparecido y hay quien piensa que nunca existió. Se dice que Dutton se ha decantado por el Dr. Alexander Padachenko como Jack el Destripador. Su teoría parece, a primera vista, absurda. Se originó con William Le Queux, un escritor anglo-francés que se autopromueve. En su libro de no ficción, Cosas que sé sobre reyes, celebridades y ladrones, publicado en 1923, Le Queux incluyó un manuscrito en francés del monje ruso Grigori Rasputin. En él se afirmaba que Padachenko, que tenía cierta formación como anatomista, mató a las mujeres de Whitechapel para confundir a la policía británica. El texto de Rasputín, que debió ser traducido del ruso al francés y luego al inglés, decía que Padachenko fue ayudado en los asesinatos por un amigo llamado Levitski y una mujer llamada Winberg. La mujer entablaba una conversación con la víctima. Padachenko salía de las sombras y cortaba el cuello de la mujer mientras Levitski vigilaba a los policías. Fue Levitski quien escribió la infame carta del Destripador y la postal enviada a la policía.

El manuscrito de Rasputín concluía con la afirmación de que la policía secreta rusa había "ayudado y alentado activamente los crímenes, con el fin de exhibir al mundo ciertos defectos del sistema policial inglés", y fueron ellos los que animaron al lunático ruso Padachenko a ir a Inglaterra y perpetrar los crímenes. Rasputín dijo que después de los asesinatos de Whitechapel, Padachenko fue sacado de Inglaterra y llevado a su casa en Rusia. Allí fue sorprendido tratando de asaltar y mutilar a una mujer. Fue enviado a un asilo donde murió en 1908.

Sus ayudantes, Levitski y la mujer Winberg también fueron devueltos a Rusia. Estos dos cómplices, que tenían un conocimiento peligroso del complot, fueron desterrados a Siberia. Desde la publicación del libro de McCormick, los entusiastas del caso del Destripador, conocidos cariñosamente como destripadores, han vertido mucha tinta sobre la teoría de Padachenko. Se han hecho muchos agujeros en las fuentes de la teoría. Desde nuestro punto de vista, lo más sensato es descartarla como una tontería.

Algunos de los médicos que participaron en las autopsias de las víctimas del Destripador, estaban bastante seguros de que los crímenes habían sido cometidos por alguien con conocimientos médicos precisos. Esta idea fue recogida por los escritores sobre el tema desde 1929, cuando Leonard Matters publicó su libro The Mystery of Jack the Ripper. En este primer intento moderno de resolver los crímenes de Whitechapel, Matters se decantó por un tal Dr. Stanley, cirujano de Harley Street, que se vio abocado al homicidio por el dolor de la muerte de su hijo a causa de la sífilis.

Había contraído la enfermedad tras una relación con una prostituta de Whitechapel, que el hijo identificó como alguien llamado Marie Jeannette Kelly. Stanley hizo averiguaciones en Whitechapel sobre el paradero de Marie Kelly.

Abordó a prostitutas que podrían saber dónde estaba.

En su rabia contra estas mujeres que eran "una maldición para la civilización", las degolló. Al ver que la policía no le seguía la pista, se llevó un útero de una víctima para su colección anatómica. Finalmente, localizó a Marie Jeannette Kelly y la mató. El único problema con el escenario de Matters fue que inventó el nombre del Dr. Stanley. Afirmó que el resto era cierto. El hecho de que toda la historia era puramente imaginativa se confirma por la conclusión que es tan absurda como la historia de Rasputín de Le Queux. El asunto decía que el Dr. Stanley huyó a Buenos Aires donde se convirtió en editor de un periódico en inglés. En su lecho de muerte, dijo Matters, el doctor Stanley convocó a un antiguo alumno suyo de cirugía y le confesó ser Jack el Destripador. La mayoría de los destripadores se contentan hoy con ignorar el rocambolesco relato de Matters, que tiene el aspecto del argumento de una novela.

La identificación de Jack el Destripador con un médico siempre ha sido un tema persistente entre quienes pretenden resolver el misterio. En 1931, el agente Robert

Clifford Spicer hizo la audaz afirmación de que había capturado a Jack el Destripador. El 30 de septiembre, mientras patrullaba, dijo que había visto a un hombre y a una mujer sentados en un cubo de basura. La mujer era una conocida prostituta local llamada Rosy. El hombre, que llevaba un bolso, iba vestido con una camisa con los puños manchados de sangre. Al negarse a responder a la pregunta del agente Spicer, el hombre fue llevado a la comisaría. Spicer no consiguió que el hombre, que decía ser médico, fuera detenido.

Se sintió muy decepcionado por el hecho de que una persona que estaba convencida de ser Jack el Destripador quedara libre. La teoría de Spicer ha dado lugar a nuevas investigaciones sobre la posibilidad de que un médico criminal haya cometido los crímenes, pero hasta la fecha no se ha publicado nada absolutamente convincente. Por el contrario, ha surgido una camarilla de expertos médicos que dudan de que el Destripador fuera un médico o una persona siquiera formada en anatomía.

En 1966, un patólogo londinense, el profesor Francis Camps, examinó los bocetos recién descubiertos de la autopsia de Catherine Eddowes. Llegó a la conclusión de que Jack el Destripador no era un practicante de la medi-cina. En la investigación del asesinato de Eddowes, el Dr. Frederick Gordon Brown afirmó que la incisión en el abdomen de la víctima que permitió la extracción del útero y del riñón izquierdo, indicaba que había sido reali-zada por alguien con "grandes" conocimientos anatómicos. Esto no fue apoyado por el colega de Brown, el Dr. George Sequeira. También sostuvo el inspector jefe Donald Swanson, de la Policía Metropolitana, que sus compañeros de la ciudad de Londres, donde Eddowes había sido asesinado, se equivocaron al perseguir a un médico. Creía que no había pruebas de conocimientos anatómicos especializados en la mutilación del cuerpo. Dijo que el asesinato podría haber sido perpetrado por un cazador, un carnicero, un matarife o un estudiante de anatomía o cirugía. Este rechazo a la idea de que un médico plenamente capacitado cometiera los crímenes también fue sostenido por el Dr. Thomas Bond. Asistió al examen post-mortem del cuerpo de Mary Kelly y leyó los otros casos en los expedientes policiales. Afirmó categóricamente que en todos los casos en los que hubo mutilación del cuerpo, ésta fue causada por alguien que no tenía conocimientos especiales de anatomía. Continuó diciendo que el asesino ni siquiera tenía los conocimientos técnicos de un carnicero o matarife de caballos o de alguien familiarizado con los animales muertos. En el caso del cuerpo de Mary Kelly, estaba tan ensangrentado que era imposible determinar si el asesino tenía o no conocimientos de carnicería.

El 9 de noviembre de 1889, la policía recibió una carta. En ella, el Destripador escribió: "El hombre es agudo: rápido, y no deja rastro". El motivo de los crímenes, según esta carta, enmarcada en un poema, era "destruir a las sucias y horribles putas de la noche; abatidas, perdidas, abatidas, harapientas y delgadas. Frecuentadores de teatros, salas de música y bebedores de ginebra infernal".

Está claro que, a la hora de señalar a un sospechoso u otro, lo más importante eran las pruebas médicas. El Dr. George Baxter Phillips realizó tres de las autopsias de las víctimas del Destripador en Whitechapel. Fue observador en la autopsia de Catherine Eddowes, ascsinada en la jurisdicción de la policía de la ciudad de Londres. Por lo tanto, su testimonio debe considerarse prácticamente definitivo.

En el caso de la segunda de las víctimas del Destripador, Annie Chapman, Phillips fue claro. "Obviamente, el trabajo fue de un experto -o de alguien, al menos, que tenía tales conocimientos de exámenes anatómicos o patológicos como para poder asegurar los órganos pélvicos con un solo movimiento del cuchillo". El hecho de que Phillips informara sistemáticamente sólo sobre cuestiones relativas a su examen científico de los cuerpos se confirma en su informe sobre la autopsia de Alice McKenzie. Dijo que, basándose en razones puramente anatómicas, era su opinión que la mujer McKenzie no fue asesinada por el mismo hombre que había asesinado a las otras víctimas de Whitechapel.

· · ·

La posibilidad de que el asesino fuera un matarife que trabajaba en Whitechapel ha sido objeto de considerables conjeturas por parte de los destripadores. En efecto, había muchos mataderos en el distrito. La policía entrevistó a unos setenta y seis matarifes y carniceros tras los asesinatos de agosto y septiembre de 1888. El patólogo, profesor Francis Camps, en su estudio de los asesinatos en 1966 imaginó el modus operandi de Jack. Dijo que probablemente estrangulaba primero a sus víctimas. Esto explica el hecho de que ninguna de las víctimas, con la posible excepción de Mary Kelly, gritara al ser agredida. Dijo que se encontró poca sangre en las escenas porque los corazones de las víctimas se detuvieron antes de que les cortaran la garganta y les abrieran el abdomen. Si este fuera el caso, apunta a alguna forma de mutilación ritual.

Esta teoría sobre el procedimiento de Jack el Destripador guarda cierta similitud, pero no es idéntica, con la carnicería de la carne kosher. Con el antisemitismo rampante en la Inglaterra de finales del siglo XIX, no es de extrañar que la imagen del Destripador como un shochet (matarife) judío ganara algo de terreno. Según este método de sacrificio de animales, se utiliza un cuchillo especial para cortar la tráquea y, al hacerlo, se seccionan los vasos sanguíneos que van al corazón y salen de él. La columna vertebral no se corta. Hay cinco reglas que deben seguirse en el sacrificio de la carne kosher. Si no se cumplen, dicen los expertos, el animal sufrirá. Lo habitual en un matadero judío era cojer al animal y obligarlo a tirarse al suelo ante un cuchillo especial muy afilado, el khalef fue arrastrado a través de la garganta del animal. Se abrió el pecho y el abdomen del animal muerto para inspeccionar el corazón, los pulmones y los órganos intestinales. Se observaban los defectos y se declaraba que el cadáver no era apto para el consumo.

Como los shochtim, con sus delantales y manos ensangrentadas, eran una imagen habitual en las calles de Whitechapel, era muy fácil para los gentiles, entre ellos la policía y el inculto público británico, llegar a la conclusión de que Jack el Destripador era judío. Esta teoría fue apoyada por el grafiti "Los Juwes son los hombres que no serán culpados por nada", encontrado cerca del cuerpo de Catherine Eddowes. Es muy probable que la escritura rápidamente borrada en la pared pudiera haber incitado un motín antisemita como esperaba el comisario Charles Warren.

Un escritor del Jewish Chronicle en septiembre de 1888 dijo que "los judíos extranjeros del East End" habían estado en peligro debido a los sensacionales asesinatos.

Sir Robert Anderson, en su autobiografía de 1910, señaló que la policía opinaba en general que el Destripador era un judío polaco de clase baja. Anderson dijo que la razón por la que no se había identificado a un culpable era porque los judíos no cooperaban sistemáticamente con la ley a la hora de delatar a los criminales de su entorno. Es posible que se haya consumado con el antiguo sospechoso John Pizer, el judío polaco, que se creía dueño del delantal de cuero encontrado cerca del cuerpo de Annie Chapman. Pizer fue descartado como persona de interés tras una rueda de reconocimiento y la revelación de que el delantal era propiedad de un residente del edificio adyacente a donde se encontró el cuerpo de Chapman.

Una testigo en el caso de Mary Kelly, una tal Caroline Maxwell, dijo que había visto a la víctima en dos ocasiones en la madrugada del 9 de noviembre de 1888. Esta información era confusa, ya que los avistamientos se anotaron firmemente como ocurridos después de que la policía hubiera descubierto el cuerpo de Kelly. Maxwell dijo que vio a Mary Kelly a la salida de Miller's Court y de nuevo más tarde hablando con un hombre cerca del pub Britannia.

Describió la ropa que llevaban las mujeres que vio y dijo que el chal definitivamente pertenecía a Mary Kelly.

El detective Abberline que tomó su testimonio aparentemente fue a visitar al Dr. Dutton para probar la teoría de que el asesino podría haber sido una mujer que había tomado el chal de Mary Kelly. Pensó que tal vez la asesina fuera una comadrona. Los casos de mujeres acusadas y condenadas como asesinas en la Inglaterra victoriana recibieron una gran atención por parte de la prensa. Se informaba de todos los detalles espeluznantes de sus crímenes.

En 1939, William Stewart propuso un argumento algo convincente para que Jack fuera una mujer en su libro *Jack the Ripper: A New Theory*. Según la teoría de Stewart, una comadrona podía pasear por las calles de Londres en las primeras horas de la mañana sin llamar la atención. Si la veían con la ropa manchada de sangre, podía explicarlo como resultado de su profesión. Una comadrona tendría los conocimientos médicos necesarios para extraer un útero y un riñón. Incluso si fuera descubierta en las proximidades de uno de los crímenes, una comadrona podría explicar fácilmente su presencia. Con la selección de una comadrona como el Destripador basada en ninguna prueba proporcionada en ese momento, Stewart sugirió que los crímenes fueron cometidos por "rencor", "un vicio al que las mujeres criminales son adictas". Por supuesto, ¡el rencor era un rasgo de carácter especial de las mujeres!

La selección de Stewart del motivo basado en el estereotipo misógino pertenece a las mismas viejas escuelas de pensamiento que elevaron a un desconocido carnicero kosher judío a principal sospechoso. Más concretamente,

Stewart opinó que el asesino de la comadrona era un abortista, y que buscaba evitar que sus antiguos pacientes la delataran a la policía.

La prueba más interesante presentada por William Stewart tenía que ver con el asesinato de Mary Kelly. Aunque en un principio la policía lo ocultó, Kelly estaba embarazada de tres meses en el momento de su muerte. Ella, según Stewart, llamó a un abortista. Stewart propuso que Mary Kelly se desvistiera para ser examinada y que doblara su ropa cuidadosamente y la pusiera sobre una silla. Cuando estuvo así expuesta y tumbada en la cama, el abortista la degolló.

Luego, según la teoría de Stewart, la asesina, al descubrir que su ropa estaba cubierta de sangre, se desnudó y arrojó su propia ropa al fuego. Se puso el sombrero, el chal y la falda de Mary Kelly y se fue. Esta mujer fue vista por Caroline Maxwell dos veces después del asesinato.

Stewart creía que la asesina de Mary Kelly y de las otras víctimas del Destripador, fue finalmente capturada. La identificó como Mary Pearcey. El 24 de octubre de 1890, la señora Phoebe Hogg y su hija Tiggy visitaron a Mary Pearcey en su casa de Campden Town.

Los vecinos informaron de que habían oído gritos y ruidos de violencia procedentes de la casa a las 16.00

horas. Esa misma noche se encontró el cuerpo de la señora Hogg en un montón de basura en Hampstead. Su cabeza había sido aplastada y casi completamente separada de su cuerpo.

El cuerpo de un niño de dieciocho meses fue encontrado muerto en Finchley. La casa de Pearcey, al ser examinada por la policía, estaba salpicada de sangre y se encontraron trozos de pelo. También se encontraron un atizador y un cuchillo con sangre. Pearcey fue juzgado, declarado culpable de asesinato y ahorcado el 23 de diciembre de 1890. No hay absolutamente nada que conecte a Pearcey con ninguno de los asesinatos de Whitechapel. No parece haber sido comadrona y, por lo que se sabe, no era conocida en las calles de Whitechapel. Lo único que la relaciona con los asesinatos del Destripador es el hecho de que descuartizó a su víctima, la señora Hogg.

Con el creciente entusiasmo por el misterio de Jack el Destripador, es bastante explicable que uno de los médicos más famosos de finales de la época victoriana se relacione con el caso. Sin embargo, el nombre de Sir Arthur Conan Doyle no aparece entre los escritos sobre el Destripador como médico, sino como escritor de historias de misterio. A finales de siglo, Conan Doyle había iniciado su carrera literaria. Publicó Estudio en escarlata en 1886.

. . .

Modeló en parte su detective, Sherlock Holmes, a partir de su profesor universitario, el cirujano escocés Joseph Bell. En 1890 publicó por entregas El signo de los cuatro, una secuela de Estudio en escarlata. Doyle, deseoso de desviarse de su personaje de Sherlock Holmes, escribió en 1893 El problema final, en el que Holmes y su malvado némesis, el profesor Moriarty, morían en las cataratas de Reichenbach.

La demanda de historias de Sherlock Holmes, sin duda impulsada por el misterio de la vida real de Jack el Destripador, obligó a Doyle a resucitar a su héroe en 1903 en La aventura de la casa vacía. ¿Qué pensaba Conan Doyle del misterio de Jack el Destripador? Tom Cullen, que escribió un libro serio y minuciosamente investigado sobre el tema en 1965, Autumn of Terror: Jack el Destripador, sus crímenes y su época, reveló las ideas de Doyle sobre la identidad del Destripador. Cullen dijo que Doyle era de la opinión de que Jack el Destripador era un hombre que se disfrazaba de mujer como parte de su plan para evitar ser descubierto. Al parecer, uno de los hijos de Doyle escribió a Cullen diciéndole que su padre pensaba que el Destripador era un hombre que tenía algunos conocimientos rudimentarios de cirugía. Perpetraba sus crímenes vestido de mujer para poder acercarse fácilmente a sus víctimas. Esta no fue la teoría que Doyle puso en práctica en su relato Jack el asesino de la ramera, en el que Sherlock Holmes se viste de señuelo y atrapa al verdadero asesino, un inspector de Scotland Yard.

. . .

El caso de Jack el Destripador, debido a su notoriedad, fue y sigue siendo forraje para los escritores de ficción. Bajo la apariencia de la ficción, los escritores se han entregado a todo tipo de especulaciones sobre los asesinatos de Whitechapel. Estas recreaciones ficticias de los sucesos ocurridos en Londres en 1888 y la posterior investigación policial se confunden a menudo con la historia real. La autora de varias y amenas novelas policíacas, Diane Madsen, publicó The Conan Doyle Notes: El secreto de Jack el Destripador en 2014. En su historia, Sherlock Holmes y su maestro en Edimburgo, Joseph Bell, se proponen resolver los asesinatos de Whitechapel. Ambos revisaron los archivos de la policía y luego escribieron de forma independiente el nombre del asesino en un papel y los intercambiaron. Ambos estaban de acuerdo. Los trozos de papel fueron enviados a la policía por Bell. Los asesinatos cesaron. La policía nunca anunció el nombre del asesino identificado por Doyle y Bell, y los papeles con el nombre, que deberían estar en los archivos policiales supervivientes, han desaparecido. Este es otro ejemplo de papeles que desaparecen misteriosamente de los archivos policiales. Para los creadores de escenarios hipotéticos de los asesinatos por parte de los detectives aficionados, la ausencia de pruebas corroborantes en los archivos policiales lleva naturalmente a la suposición de que hubo un encubrimiento de las pruebas.

. . .

La idea de que hubo una conspiración entre la policía para suprimir la información sobre la identidad de Jack el Destripador es un motivo recurrente en los escritos de los aficionados al Destripador.

Teniendo en cuenta las diversas declaraciones sobre Jack el Destripador en las memorias de los policías que estuvieron íntimamente relacionados con el caso, ninguno de ellos insinúa siquiera que hubiera algún tipo de conspiración consistente entre las autoridades para ocultar pruebas o la identidad del asesino. Como todas las teorías de la conspiración, las desarrolladas en torno a la investigación de los asesinatos de Whitechapel implican hipotéticos documentos e información de testigos que no existen porque fueron sistemáticamente suprimidos.

9

El destripador aristocrático

POR MUY FAMOSO que fuera Jack el Destripador en la época de sus asesinatos y desde entonces, es perfectamente natural imaginar que era alguien importante. Hay algo insatisfactorio en la teoría de que era un malvado de clase baja, un habitante anodino de la comunidad pobre del este de Londres. La idea de que era un lunático homicida con o sin conocimientos particulares de anatomía humana es para muchos una decepción. Añádase a esto la posibilidad, remota o no, de que la policía estuviera implicada en un encubrimiento, y se tienen todos los visos de una historia superior.

En 1970, casi un siglo después de los asesinatos de Whitechapel, una historia despertó de repente el interés del público por la historia de Jack el Destripador. Un médico británico, T.E.A. Stowell, publicó un artículo titulado "Jack el Destripador: ¿una solución?".

.   .   .

Aunque Stowell no nombró al supuesto asesino, lo identificó como un individuo con poder y riqueza. Se decía que
su familia encubría su comportamiento criminal porque,
por lo demás, era un miembro ejemplar de la aristocracia
británica. La historia fue seguida por una avalancha
mundial de artículos en los que se cuestionaba si el Destripador tenía sangre real. El propio Stowell se convirtió en
una celebridad instantánea. No vivió para disfrutar de su
fama, ya que murió poco después de admitir que pensaba
que Jack el Destripador era el duque de Clarence. Fue él
quien fue descrito por los testigos de la época como el
"caballero" observado cerca de las escenas de los
asesinatos.

La historia de cómo el duque de Clarence pasó a primer
plano en las recientes teorías sobre la identidad de Jack el
Destripador es tan enrevesada como todas las teorías
sobre los asesinatos de Whitechapel. Stowell contó a un
escritor de uno de los coautores del excelente Jack el
Destripador: Resumen y veredicto (1987) que había
asesorado a un descendiente del médico ordinario de la
reina Victoria. Le pidió a Stowell que examinara los
papeles de Sir William Gull. Stowell debía ayudarla a
decidir qué hacer con los documentos que hacían referencia a "ciertos asuntos confidenciales". Se trataba de
pistas sobre la vida secreta del Duque de Clarence.

.   .   .

El príncipe Alberto Víctor, duque de Clarence y Avondale, nació en 1864.

Era el hijo mayor de Alberto Eduardo, Príncipe de Gales, que ascendería al trono británico en 1901 tras la muerte de su madre, la Reina Victoria. El príncipe Alberto Víctor fue un viajero por el mundo y oficial del ejército británico. En 1889, la reina Victoria intentó que Alberto Víctor, o Eddy, como se le conocía cariñosamente, se casara con una princesa alemana. Ella rechazó su propuesta. Se enamoró de una princesa francesa, pero su padre se negó a concederle el permiso para casarse con un no católico. La suerte de Alberto Víctor cambió con su propuesta y posterior matrimonio en 1891 con la princesa María de Teck.

Aunque no hay pruebas que lo demuestren, el príncipe Alberto estuvo implicado en el escándalo de Cleveland Street. Ninguna de las prostitutas lo nombró como cliente del burdel homosexual. Su nombre fue mencionado por el abogado de Lord Somerset. Somerset estaba entre los nombrados como habitué del notorio burdel. Ninguno de los clientes de la casa de Cleveland Street fue llevado a juicio. Sin embargo, los cotillas de la época y desde entonces han especulado sobre si el príncipe Alberto Víctor era homosexual o bisexual. Parece que casi todo el mundo tenía algo que decir sobre el tema. Se dice que una persona destacada, Lord Goddard, que fue presidente del Tribunal Supremo de Inglaterra, dijo que Alberto Víctor, a quien conocía, "había participado en una escena de burdeles masculinos, y que un abogado tuvo que cometer perjurio para exculparlo".

La sospecha de que Albert Victor había frecuentado el burdel de Cleveland Street se confirmó con la suposición de que Lord Somerset y un testigo de la renta podrían haber sido protegidos por el padre de Albert Victor, el Príncipe de Gales.

Los documentos del médico real que Stowell inspeccionó aparentemente hacían referencia al escándalo de la calle Cleveland e implicaban al príncipe Alberto Víctor como sodomizador de niños. Los documentos, dijo, indicaban además que Alberto Víctor no murió en 1892 en la epidemia de gripe, como era la línea oficial, sino que fue enviado a un asilo con la sífilis terciaria. Si alguien debía saber esto era el médico Dr. Gull. Es pura especulación que él estaba al tanto de mucha información sobre la vida sexual de Albert Victor. Algunos han dicho, sin ninguna prueba firme, que el Dr. Gull llevó a cabo los asesinatos de Whitechapel para encubrir o desviar a la policía del crimen de violación de Albert Victor. Como es sospecho- samente habitual en los enrevesados relatos que pretenden ser soluciones definitivas al caso de Jack el Destripador, los papeles del Dr. Gull han desaparecido.

Quizás fueron destruidos por su hija por consejo de Stowell.

Es tal la atracción duradera de la teoría de que Albert Victor fue el Destripador que otros miembros de su círculo han sido absorbidos por las fauces de los sospechosos de la investigación amateur.

Por ejemplo, después de descifrar muchas pistas minúsculas en los escritos y palabras de Stowell, se ha implicado a un tal J.K. Stephen. Fue un amigo homosexual del Príncipe Alberto Víctor en la Universidad de Cambridge en 1883.

Cuando se comprobaron sus posteriores registros de empleo como empleado en Gales en 1888, sus ausencias del trabajo coincidieron con los asesinatos en Londres. Un poema que escribió sobre el asesinato de una mujer fue resucitado como una especie de guinda del pastel, demostrando su culpabilidad. La información que existe sobre J.K. Stephen indica que era un esteta que mostraba el tipo de comportamiento extraño que hoy podríamos clasificar como bipolar. Sin embargo, no hay indicios de que tuviera la menor inclinación por la violencia o que odiara a las mujeres.

. . .

Los registros de la Corte Real revelan que el príncipe Alberto Víctor estaba ocupado fuera de Londres cuando ocurrieron los asesinatos de Whitechapel. Lo que algunos han visto como una confirmación de la implicación del príncipe en el escándalo de Cleveland Street y, por tanto, en los asesinatos de Whitechapel, fue su salida de Inglaterra en octubre de 1889. Su viaje, planeado con mucha antelación, pretendía ser una inspección de Estado de la India, que entonces era una importante colonia del Imperio Británico.

Cuando regresó a casa, fue seguido por Margery Haddon que era, según los representantes de la Corte Real, una alcohólica trastornada.

Afirmó que ella y el príncipe habían sido amantes en la India y que estaba embarazada de su hijo. Alberto Víctor admitió que pudo haber tenido un escarceo con Margery Haddon, pero negó con vehemencia ser el padre de su hijo.

El asunto se trató con celeridad y se olvidó, excepto en la década de 1920, cuando el hijo de Haddon escribió un libro en el que afirmaba que era hijo del príncipe Alberto Víctor.

. . .

Se le acusó de extorsionar a la familia real, se le encarceló y se le ignoró por ser un chiflado.

El carácter del príncipe Alberto Víctor fue alabado por la prensa durante su vida. A su muerte fue descrito en los más altos términos por políticos influyentes. No fue hasta que dos biógrafos de mediados del siglo XX escribieron sobre él que se sugirió que era perezoso, poco educado y un debilucho.

En una biografía de finales del siglo XX, se le describe como un hombre con "disipaciones no especificadas", que eran principalmente de naturaleza homosexual. Se decía que era poco varonil, y siempre "dulce, gentil, tranquilo y encantador".

Esta visión negativa del Príncipe Alberto Víctor ha estado detrás de la resurrección moderna de él como principal sospechoso de los asesinatos de Whitechapel. Con el carácter del Príncipe Alberto mancillado por los biógrafos, Stephen Knight en su libro Jack el Destripador: The Final Solution (1976), pudo dar el último paso y teorizar que el guapo real era el Destripador. Knight sostenía que la implicación de Stowell en los asesinatos del East End era sólo la punta del iceberg. La historia de Stowell sobre la muerte del príncipe Alberto Víctor como un loco sifilí-

tico internado en un manicomio era, por muy sensacionalista que fuera, falsa.

Tres médicos que asistieron al fallecimiento del príncipe
por una neumonía documentaron su diagnóstico y su
resultado.

La teoría de que el príncipe era el Destripador cobró
renovada vigencia tras una emisión sobre el Caso del
Destripador realizada por la BBC. En el último de los
programas, los productores citaron el testimonio de un tal
Joseph Gorman.

Como ocurre con todas las teorías conspirativas, Gorman
tenía una historia dudosa que contar. Afirmó que su
verdadero nombre era Joseph Sickert y que era hijo ilegí-
timo del famoso pintor Walter Sickert. Decía que su
padre le había contado que el doctor Gull, médico de la
reina Victoria, era el asesino de las prostitutas de Whitechapel. La historia de Gorman se volvió aún más desca-
bellada.

Dijo que su abuela se había casado con el príncipe
Alberto Víctor. Habían tenido una hija que era la
madre de Gorman. Por lo tanto, él, por lo bajo,
pretendía ser el heredero legítimo del trono inglés. Fue,
dijo Gorman, para encubrir la existencia de la hija ilegítima del príncipe el motivo de los asesinatos de White-

chapel. Todos los que supieran del nacimiento debían ser despachados.

Stephen Knight, en su libro, expuso primero lo que Gorman tenía que decir. La historia contaba que el príncipe Alberto fue presentado al pintor Walter Sickert. En el estudio del artista conoció a una modelo, Annie Elizabeth Crook. Con ella tuvo una hija, Alice. En el certificado de nacimiento de la niña, el nombre del padre quedó en blanco. Albert se casó con Annie Crook en una ceremonia secreta. Ella, según Gorman, era católica. Como católica habría sido totalmente inaceptable como pareja para un inglés real. Mary Jane Kelly fue la testigo oficial de la boda.

El príncipe instaló a su esposa e hija en una casa de Cleveland Street. La Reina Victoria y el primer ministro se enteraron de ello, y el apartamento fue allanado para proteger la integridad de la Corona. Albert Victor fue enviado al cuidado de su familia. Annie Elizabeth Crook fue entregada al Dr. Gull. Éste la declaró demente y la confinó en un manicomio. Murió en 1920. Gorman dijo que la hija pequeña de Annie Crook fue entregada a Mary Jane Kelly.

Kelly y sus amigas, Mary Nichols, Annie Chapman y Elizabeth Stride se encargaron de intentar chantajear al gobierno. Para acabar con el escándalo, afirmó Gorman, las autoridades conspiraron para asesinar a las mujeres. Fue el Dr. Gull quien atrajo a las víctimas a un carruaje y, con la ayuda del conductor del carruaje Hackney, John Netley y Sir Robert Anderson, Comisario Adjunto de Policía. El Dr. Gull mató a las mujeres. Según Gorman, el error de identidad fue lo que llevó al asesinato de Catherine Eddowes porque tenía la costumbre de llamarse Mary Ann Kelly. Gorman dijo que la cábala intentó matar a la niña Alice Cook. La tarea recayó en Netley, quien en su segundo intento de asesinar a la hija ilegítima de la realeza se vio obligado a abandonar su nefasta hazaña por la llegada de transeúntes.

Desesperado o avergonzado, Netley se suicidó. Alice Cook vivió para convertirse en la amante de Walter Sickert y dar a luz a su hijo, Joseph Gorman o Joseph Sickert.

Al investigar la historia de Gorman, el periodista británico Stephen Knight persiguió asiduamente todas las pruebas.

Encontró muchas pruebas circunstanciales que corroboraban la historia de Gorman. El hecho de que haya una ausencia total de información sobre el encubrimiento y la implicación del gobierno en los asesinatos es, según

Knight, el resultado del éxito con el que se llevó a cabo la operación.

La historia de Gorman y el escritor Knight se complica aún más. Entre las muchas afirmaciones de Gorman está la de que el primer ministro Lord Salisbury, que se enteró del matrimonio del Príncipe Alberto Víctor y ordenó en secreto el asalto a su apartamento de Cleveland Street, era masón.

Para aquellos inclinados a ver conspiraciones gubernamentales detrás de eventos inexplicables, los masones son un ingrediente casi esencial. Como sociedad secreta, se les ha relacionado de diversas maneras con el Nuevo Orden Mundial y los Illuminati que, según los teóricos de la conspiración, han estado involucrados en innumerables complots a lo largo de la historia moderna. Si uno quisiera realmente entrar en el espíritu de las conspiraciones, el subtítulo del libro de Knight, La solución final, podría ser una referencia al Holocausto que se basó en parte en el libro falsificado Protocolos de los Sabios de Sion (1905). La pseudohistoria completamente fabricada en los Protocolos vinculaba a los masones y a los judíos. En el libro de Knight, los masones son tratados como frecuentemente han sido tratados por los no masones, como insidiosos conspiradores. Dice que no solo Lord Salisbury era masón sino también el Comisario de Policía Sir Charles Warren. También se cree que Albert Victor y el Dr. Gull eran masones. Fueron Warren y sus compinches masónicos en el departamento de policía quienes destruyeron cualquier evidencia en los archivos que implicaban a su príncipe Albert Victor.

La pieza de resistencia en el alegato antimasónico de Knight, es su creencia de que el Dr. Gull, que era perfectamente capaz de simplemente apuñalar a las mujeres que sabían demasiado, las mutiló siguiendo la tradición del asesinato ritual masónico.

Knight intentó responder de antemano a cualquier pregunta de por qué, como, por ejemplo, ¿por qué no se despachó también al pintor Walter Sickert junto con todos los demás que sabían del matrimonio y la paternidad del príncipe?

Knight afirmó que Sickert era, de hecho, un cómplice de los asesinatos o desempeñó un papel al participar en los mismos. Knight respondió a la pregunta de cómo pudo ser el Dr. Gull el asesino. Había sufrido un derrame cerebral el año anterior a los sucesos de Whitechapel. Según Knight, el Dr. Gull no estaba lo suficientemente incapacitado por su apoplejía como para impedir sus actividades asesinas.

10

¿El Jack el Destripador artístico?

ENTRE LAS MUCHAS teorías sobre la identidad de Jack el Destripador, la más interesante e intrigante es que el Destripador era el pintor Walter Sickert. Interesante e intrigante son palabras clave en este contexto. Hay que reconocer que contrastan fuertemente con las vidas poco interesantes y mundanas de los sospechosos de clase baja. La vigencia de los asesinatos del Destripador ha llegado a depender de la atribución de los mismos a hombres de clase alta o a individuos notables de la sociedad victoriana. Si el asesino de Whitechapel era un supuesto don nadie, cuerdo o loco, el único entretenimiento que se puede tener en esta historia de crimen real de asesinato en serie es que el caso nunca se resolvió. En la mente del público, un asesinato no se resuelve por incompetencia policial o porque las autoridades lo han encubierto. Ambas acusaciones fueron lanzadas a la policía en el caso del Destripador.

. . .

Hubo tres cosas sobre Walter Sickert que contribuyeron a que se le considerara un asesino en serie. Había nacido en Alemania, era un artista y era más que extraño. Sickert se mudó con su familia a Londres cuando tenía 8 años. Su padre, Oswald, era un pintor danés que desarrolló una exitosa carrera en Inglaterra. El joven Walter Sickert intentó primero actuar. Abandonó este sueño e ingresó en la Slade School para estudiar pintura. Abandonó los estudios, probablemente porque no había mucho que pudiera aprender allí que no hubiera adquirido ya de su padre. Se convirtió en asistente del grabador y pintor de origen estadounidense James Abbott McNeill Whistler, y luego estudió el impresionismo en Francia. En Londres, alquiló una serie de estudios en barrios obreros. Durante la década de 1880, iba y venía al continente, donde mantuvo una amante y posiblemente engendró un hijo.

Walter Sickert, como muchos en Londres en la época de los asesinatos de Whitechapel, estaba fascinado por el caso. Tras el cambio de siglo, se alojó en el número 6 de Mornington Crescent. Su casera le dijo que su habitación había sido alquilada con anterioridad a alguien que ella sospechaba que era Jack el Destripador. Es poco probable que esto sea cierto, ya que el alojamiento está a más de una hora a pie de Whitechapel.

Sickert también tenía interés en otro asesinato. Ocurrió en Camden Town, donde Sickert tenía un estudio.

· · ·

El 11 de septiembre de 1907, la prostituta Emily
Dimmock fue encontrada asesinada en su cama en
Camden Town. Había sido degollada. Su pareja de
entonces, Bertram Shaw, volvió a casa por la mañana y
encontró la puerta cerrada.

Pidió prestada una llave a un vecino y entró para encon-
trarse con la escena de su amiga tendida en una cama
manchada de sangre. Su garganta estaba salvajemente
cortada de oreja a oreja. No habían robado nada del piso.

La policía identificó a un artista, Robert Wood, como su
principal sospechoso. La prueba más contundente fue una
tarjeta postal encontrada en la habitación de Dimmock.

Una antigua novia identificó la letra de la tarjeta como la
de Robert Wood. En el juicio de Wood, su abogado
demolió el caso de la Corona. Tras retirarse durante 15
minutos, el jurado declaró a Wood inocente. El misterio
del asesinato en la habitación cerrada despertó el interés
de Walter Sickert hasta tal punto que produjo una serie
de obras de arte que tituló El asesinato de Camden Town.
Las imágenes no muestran el asesinato en sí. Tal vez no se
inspiraron en el asesinato, ya que originalmente tenían
otros títulos.

. . .

La historia contada por Joseph Sickert, alias Gorman, que constituyó el punto de partida de la investigación amateur de Stephen Knight sobre los asesinatos de Whitechapel, parece ser totalmente ficticia. En 1987, el editor de una revista acertadamente titulada The Blood-hound, persiguió algunas de las pruebas relativas a la supuesta abuela de Gorman, Annie Elizabeth Crook. Dijo que era una modelo que había posado para Walter Sickert. Las declaraciones de Knight sobre el lugar de residencia de Annie Crook en Cleveland Street eran inco-rrectas. Los pisos de Cleveland Street fueron demolidos en 1886, por lo que Annie Crook no pudo residir allí. Se mudó al sótano del número 6 de Cleveland Street cuando se terminaron los nuevos edificios y permaneció allí hasta 1893. Esto fue algún tiempo después de que supuesta-mente fuera declarada demente por el Dr. Gull. No hay constancia de que Annie Crook fuera admitida en un asilo. Permaneció en un asilo en 1889 mientras su hija Alice, que según Gorman era su madre, fue enviada a un centro de recreo. Los registros encontrados por el editor de The Bloodhound indicaban que en 1902 Alice y su madre Annie vivían en el número 5 de Pancras Street y luego, en 1906, vivían en el Poland Street Workhouse. Annie murió en un asilo en 1920. Todo apunta a que su crisis mental se produjo hacia el final de su vida. A su muerte figuraba como Iglesia de Inglaterra, no católica, lo que supuestamente causó tanto revuelo cuando se descu-brió su supuesto romance con el príncipe Alberto Federico. No fue encarcelada en una institución mental desde 1888 por, como creía Knight, una cábala de masones.

La fantasiosa historia de los asesinatos de Knight fue, poco después de su publicación, socavada por la confesión de Joseph Sickert, alias Gorman.

Esta designación podría reflejar mejor la verdad si se invierte, Joseph Gorman alias Sickert. Gorman se retractó de su historia de Jack el Destripador. El príncipe Alberto Federico y la policía no tuvieron ninguna complicidad en los asesinatos del Destripador. No fueron cometidos por el Dr. Gull. Aunque reveló que su relato era una sarta de mentiras, Gorman siguió insistiendo en que era hijo de Alice Crook y del príncipe, y que su madre era amante de Walter Sickert, cuyo nombre adoptó.

La identificación de Walter Sickert como principal sospechoso en el caso de Jack el Destripador fue objeto de un ingenioso y meticuloso proyecto de investigación llevado a cabo por la prolífica escritora estadounidense de novelas policíacas, Patricia Cornwell. Su libro Portrait of a Killer: El caso cerrado de Jack el Destripador, publicado por primera vez en 2002, pretende ser, como indica su subtítulo, la solución definitiva a un enigmático caso de asesinato en serie. A pesar de ello, las legiones de destripadores no se han visto disuadidas de seguir especulando sobre los crímenes, ni ha servido de mucho para frenar el flujo constante de libros sobre Jack el Destripador.

. . .

El caso de Cornwell es posiblemente el más convincente
de los que se han propuesto para la identificación de Jack
el Destripador. Un elemento central de su investigación es
el análisis de las cartas supervivientes enviadas por individuos o por una persona que se identificó como Jack el
Destripador.

Está claro que estas cartas, que suman casi 300, no
son todas las que recibió la policía en el curso de sus
investigaciones en 1888 y 1889 y más allá. Se encuentran
en los Archivos Nacionales del Reino Unido en Kew y en
la Oficina de Registros de la Corporación de Londres.
Algunas de las cartas, que la policía desestimó en su
momento por ser enviadas por maniáticos y buscadores
de publicidad, tienen bocetos en los márgenes. Estos,
según los expertos en arte consultados por Cornwell,
coinciden con las obras de Walter Sickert. También dice
que las peculiaridades de la escritura disfrazada en las
cartas son coherentes con las peculiaridades de la escritura de Sickert en los documentos que se sabe que
salieron de su mano. Aunque comparar las cartas de Jack
el Destripador y la escritura y el arte de Sickert es una
cuestión de juicio, lo que no lo es es la identificación del
papel utilizado. En muchos casos, el papel de las cartas
del Destripador es idéntico al que Sickert tenía por
costumbre utilizar.

. . .

Entre las muchas cartas enviadas a la policía, por alguien que dice ser el Destripador, hay burlas sobre su incapacidad para atraparlo. El escritor tenía la costumbre de utilizar la expresión "ja, ja" y de llamar tontos a las autoridades. Cornwell comprobó hábilmente los escritos disponibles del padre danés-alemán de Sickert, el artista Oswald Sickert, y las historias sobre él, y descubrió que era aficionado a la palabra "tontos" cuando denigraba a los demás.

Un ejemplo de los muchos "ja, ja" en las cartas recibidas del Destripador por la policía es la poesía infantil "Ja, ja, ja Atrápame si puedes/Es una alegre alondra/Qué baile estoy llevando/Amor Jack el Destripador". La expresión "ja ja", según Cornwell, era una de las favoritas del primer profesor de arte formal de Walter Sickert, el estadounidense James Abbott McNeill Whistler. En su trabajo como asistente de grabado de Whistler en 1882, Sickert se habría familiarizado bien con el patrón de habla de su maestro. Whistler era un malhumorado y un egoísta empedernido, lo que se reflejaba en su discurso. Según todos los relatos citados por Cornwell, Walter Sickert era un excelente imitador. De hecho, su primera opción para una carrera después de graduarse de la escuela fue la actuación. Aunque abandonó este camino, hay suficientes informes sobre su comportamiento más tarde en la vida que indican que le encantaba agasajar a sus invitados con representaciones dramáticas y, se decía, que era muy hábil para adoptar el disfraz en la aplicación del maquillaje y el vestido.

Cornwell argumenta que Walter Sickert pudo haber sufrido algún tipo de disfunción sexual y, de ser así, pudo haber tenido un efecto nocivo en su estado mental. Se sabe que Sickert se sometió a tres operaciones en el pene en su juventud. Fueron para reparar fístulas o úlceras. Las operaciones fueron probablemente necesarias para corregir la terminación de la uretra. El hecho de que las reparaciones tuvieran que realizarse en tres ocasiones distintas indica que no fueron del todo exitosas.

Por las pocas pruebas que hay, parece que estas cirugías podrían haber provocado que Sickert sufriera una anomalía sexual. Al rastrear trozos de evidencia sobre el problema de Sickert, Patricia Cornwell señala que él bromeó que llegó a Inglaterra "para ser circuncidado", es decir, para ser operado de sus genitales. La deformidad física de Sickert, aparentemente no resuelta, parece haberle acosado durante toda su vida, ya que era propenso a las infecciones del tracto urinario. La causa de su muerte, el 22 de enero de 1942, fue diagnosticada como uremia o insuficiencia renal debida a nefritis crónica o infecciones del tracto urinario. Cornwell cita una interesante carta enviada a la policía el 4 de octubre de 1888. El escritor, que firmaba como Scotus, decía que el Destripador "posiblemente tenía su miembro privado destruido, y ahora se está vengando del sexo con estas atrocidades".

Patricia Cornwell fue extraordinariamente diligente en su estudio de las cartas del Destripador recibidas por la policía. Observó que muchas de ellas estaban escritas con tiralíneas y estaban manchadas con tintas y pinturas brillantes. Varias de ellas incluían lo que ella denominó "dibujos fálicos de cuchillos". Una de ellas, fechada el 22 de julio de 1889 y dirigida a "Querido jefe", se burlaba de "Ha-Har te reto a 4 vidas más cuatro cortes más para añadir a mi pequeña colección". Cornwell describe una carta en particular. Fue recibida por la policía el 18 de octubre de 1889. La letra fue primero dibujada en el papel y luego pintada en rojo. Esto es algo que podría hacer un artista.

Decía: "Estaré en Whitechapel el 20 de este mes, y comenzaré un trabajo muy delicado hacia la medianoche, en la calle donde ejecuté mi tercer examen del cuerpo humano".

En una posdata de la carta, el Destripador dice que, si la policía no puede leer sus cartas, "las haré más grandes". La falta de ortografía de "más grande", dice Cornwell, al igual que las faltas de ortografía en otras cartas del Destripador, parece ser un error intencionado del escritor para inducir a la policía a sospechar que el Destripador era un hombre parcialmente alfabetizado. Lo que sorprendió a Cornwell fue que, a pesar de las faltas de ortografía en las cartas del Destripador que examinó, algunas palabras inglesas muy difíciles estaban escritas correctamente, como "delicate".

Esto hace sospechar que el escritor no era un individuo parcialmente instruido, sino que estaba fingiendo. Cornwell examinó las cartas supervivientes del Destripador en busca de marcas de agua en el papel. Descubrió que algunas tenían marcas de agua idénticas a las de las cartas firmadas por Sickert a sus corresponsales.

Otras investigaciones de Cornwell revelaron que algunas de las cartas del Destripador estaban en papel que procedía del mismo lote de papel fabricado que Sickert o su madre utilizaron en su correspondencia superviviente.

Las cartas de Jack el Destripador recibidas por la policía estaban firmadas con diversos nombres, por ejemplo, Jack, Jack el Destripador o Saucy Jack. Uno de los firmantes, que no se refería al Destripador, era el Sr. Nemo. El estudio de Cornwell de las marcas de agua de estas cartas apunta a los mismos proveedores de papel que las cartas firmadas por el Destripador y las cartas escritas por Sickert. Antes de que las cartas firmadas por

Nemo fueran enviadas a la policía, apareció una carta en The Times del 2 de octubre de 1888, firmada por Nemo. El corresponsal sugería que el Destripador era un hombre que en la vida ordinaria no sería la clase de persona de la que la policía sospecharía. Era, opinaba Nemo, un hombre "bastante inofensivo, educado, por no decir obsequioso, en sus modales". Un hombre así, cuando estaba borracho o drogado, podía dar rienda suelta a su "lujuria por la matanza y la sangre".

Las numerosas cartas relativas a Jack el Destripador de los archivos policiales examinaron a Cornwell desde el punto de vista de la grafología o de las características físicas y los patrones de escritura. Las grandes diferencias en la escritura entre las cartas confundieron en su día a la policía.

Asumiendo que la mayoría de las cartas eran de diferentes manivelas, la policía las ignoró.

Sin embargo, Cornwell y los expertos a los que consultó, creen que Sickert, adepto a la imitación visual y hábil en trucos como escribir al revés, podría haber consultado un libro de caligrafía contemporánea y utilizar lo que vio para fabricar varias escrituras añadiéndoles un tinte de primitivismo. Alguien con la personalidad de Sickert, que según Cornwell era la de un psicópata frío y calculador, podría haber creído fácilmente que la policía, que era "tonta", nunca se daría cuenta de su escritura disfrazada, y mucho menos sospechar que los dibujos de las cartas eran de un artista consumado. Cornwell dice que "pocas personas en el planeta eran tan brillantes, inteligentes, astutas o fascinantes" como Walter Sickert. Y él lo sabía, como suelen hacerlo los psicópatas brillantes. El hecho de que las cartas de Sickert sobre el Destripador fueran enviadas desde oficinas de correos diferentes y muy dispersas hizo casi imposible que la policía las acreditara como procedentes de una sola mano. Cornwell rastreó el origen de muchas de las cartas y descubrió que estaban mataselladas en lugares donde se celebraban carreras de caballos o donde actuaba la compañía de teatro ambulante de Henry Irving. Fue con la tropa de Henry Irving con la que Sickert había trabajado por primera vez como actor, quizá ya en 1879. Sickert era conocido por su entusiasmo por las carreras de caballos, y Cornwell señala que las reuniones eran el tipo de lugares en los que, bajo el disfraz, Sickert podía pasar fácilmente desapercibido entre la multitud. También dice que entre la multitud de las carreras circulaban prostitutas que ejercían su oficio.

Sickert, al igual que su contemporáneo francés Toulouse Lautrec, se sentía atraído por los espectáculos de music-hall de contenido sexual. En 1888 se sabe que frecuentaba el Palacio de Variedades de Gatti en Londres. Este local ofrecía destellos de carne femenina que, de otro modo, quedaban ocultos en la educada sociedad victoriana.

. . .

Además, las menores de edad formaban parte del espectáculo. Representaban movimientos sexuales de adultos, para deleite del público masculino. Sickert realizaba bocetos durante estos espectáculos. Estos en trozos de papel eran estudios creados para ser reutilizados en sus pinturas al óleo o grabados. Bien podrían haber servido como recuerdos eróticos creados para su propio placer.

No se sabe si los asesinatos del Destripador cesaron con el de Mary Kelly o Alice McKenzie. Tal vez no lo hicieron.

Por lo que sabemos hoy en día de los asesinos psicópatas, es muy poco probable que el asesino de mujeres se saciara permanentemente con sus actos sexuales y violentos. Ya en 1896, apareció otro cuerpo. El asesinato de Emma Johnson tiene algunas similitudes con los asesinatos de Whitechapel, salvo que ocurrió en un lugar muy lejano. En Berkshire, el 17 de septiembre, se descubrió ropa femenina en un campo.

Los trozos fueron identificados como pertenecientes a Emma Johnson, que había desaparecido misteriosamente el 15 de septiembre.

La policía arrastró una cala cercana y sacó un cuerpo desnudo que fue identificado como el de Emma Johnson.

. . .

La autopsia reveló que Emma había sufrido un golpe en la cabeza antes de ser degollada. Patricia Cornwell no relacionó el asesinato con Walter Sickert, aunque señaló que, en aquel momento, éste se encontraba en pleno proceso de separación de su primera esposa, Ellen, y estaba sometido a una gran tensión como acusado en un caso de difamación presentado contra él por otro artista.

Sickert, si realmente era un asesino psicópata, no abandonó su búsqueda de estimulación sexual al asesinar mujeres. Cornwell comenta el caso de una tal Emily Dimmock, a la que degolló mientras, al parecer, la mantenía boca abajo en su cama. Estaba desnuda. Emily era una prostituta que ejercía su oficio en Camden Town. Fue asesinada el 11 de septiembre de 1907. Robert Wood, un artista, fue acusado del crimen, pero fue absuelto.

En el período posterior al asesinato de Mary Kelly, Cornwell cree que Jack el Destripador, Walter Sickert, siguió matando y enviando cartas de burla a la policía. El asesinato de Alice McKenzie en julio de 1889 no fue el único crimen que pudo haber perpetrado el Destripador. Cornwell menciona el asesinato de una niña de ocho años, Caroline Winter, cerca de Newcastle-upon-Tyne, en el norte de Inglaterra. Fue asesinada el 6 de agosto de 1889.

Tras sufrir un golpe mortal en la cabeza, su cuerpo

había sido mutilado. Según una amiga suya, la última vez que la vieron fue con un hombre de pelo negro y bigote que le ofreció dinero para que se fuera con él. No había sido degollada y la mutilación de su abdomen no era tan extensa como la de las víctimas londinenses del Destripador. En diciembre, no muy lejos de donde se había encontrado el cuerpo de Caroline Winter, se descubrieron restos humanos descompuestos. Entre ellos estaba la mano derecha de una mujer con el dedo meñique cortado. En una de las cartas que el Destripador envió a la policía a finales del año anterior había dicho: "Estoy probando mi mano en la desarticulación", y dijo que podría enviar a la policía un dedo. El 13 de febrero de 1891 otra prostituta, Frances Coles, fue degollada en Whitechapel. El Dr. Phillips, que realizó la autopsia, informó de que no había sufrido ninguna mutilación, por lo que descartó la posibilidad de que el crimen fuera obra del Destripador. Tras el asesinato de Coles parece que cualquier posible conexión del Destripador con otros asesinatos quedó descartada, ya que el recuerdo de los crímenes de 1888 en Whitechapel se desvaneció de la mente de la policía y del público.

En 1911 Sickert volvió a casarse. Su primera esposa, Ellen, continuó manteniéndolo después de su divorcio, a pesar de que, mientras estaban casados, se había quejado continuamente de que él era un derrochador sin ningún concepto de gestión responsable de su dinero. Sickert se llevó a su nueva esposa, Christine Drummond Angus, unos años menor que él, a Francia y se instaló en Dieppe.

Allí permanecieron hasta que el estallido de la Primera Guerra Mundial les obligó a regresar a Londres. Sickert se impacientó cada vez más con su enfermiza esposa y volvió a su costumbre de asistir a espectáculos en salones de música y deambular por las calles de Londres toda la noche. Después de la guerra, Sickert y Christine volvieron a Francia. Ella y Sickert vivieron en la vieja gendarmería en ruinas que Sickert había comprado en Envermeu, cerca de Dieppe. Ella murió allí el 14 de octubre de 1920. Se dijo que el dolor de Sickert por la pérdida de su esposa era manifiestamente falso. Sickert se casó con la artista inglesa Thérèse Lessore en 1926. Había sido una de las asistentes a las reuniones del grupo de artistas de Camden Town que se reunían en el estudio de Sickert y exponían juntos en 1911-1912.

En los últimos años del siglo XIX, la histeria por Jack el Destripador se fue calmando poco a poco. A principios del siglo XX, con la publicación de varias memorias de oficiales de policía que habían vivido el pánico de White-chapel, se produjo una renovada curiosidad por los asesinatos entre el público lector, muy pocos de los cuales vivían en Whitechapel.

Los asesinatos sin resolver del Destripador ejercen una fascinación especial no sólo para los detectives aficionados serios, sino también para los inconformistas excéntricos. En Inglaterra no faltaban estos últimos.

. . .

Entre ellos estaba el archiconocido Aleister Crowley, que se autodenominaba "la Bestia 666". Se metió en la historia de Jack el Destripador con una historia absurda.

Crowley fue el fundador bisexual de un culto místico, consumidor experimental de drogas y, según muchos, el hombre más malvado de Inglaterra. En su juventud, se unió a la Orden Hermética de la Aurora Dorada y adquirió conocimientos de magia ceremonial. Durante la Gran Guerra, Crowley vivió en Estados Unidos. Allí fue un ruidoso defensor de la causa alemana. Más tarde dijo que lo hizo como tapadera mientras actuaba como espía para la inteligencia británica. Al regresar a Europa, fundó la abadía ocultista de Thelema en Sicilia.

Durante su estancia en Estados Unidos, Crowley se relacionó con la baronesa Vittoria Cremers. Cremers era miembro de la Sociedad Teosófica de Madame Blavatsky. Trabajaba como editora de la revista teosófica Lucifer.

Cremers le contó a Crowley una historia que ella misma, antes de mudarse a los Estados Unidos, había escuchado de su amante Mabel Collins. Collins era miembro de la Sociedad Teosófica y escritora de temas esotéricos. Mabel Collins era, según la baronesa, bisexual. Como tal, tuvo relaciones íntimas con un oficial de caballería británico que también era médico y mago.

En la época de su relación con el militar, algunos sostenían que Jack el Destripador era en realidad un mago oculto.

Creían que mataba a sus víctimas en lugares que, al trazarlos en un mapa, dibujaban una cruz de siete puntas. La ola de asesinatos, para quienes se inclinan a dar crédito a las creencias ocultistas, estaba motivada por el deseo del mago de lograr la invisibilidad.

Crowley dijo que la baronesa Cremers, de origen anglo-italiano, le contó que Mabel Collins le dijo que había decidido romper con el misterioso caballero. Ella era reacia a hacerlo porque él tenía en su poder algunas cartas comprometedoras de ella. Su amante putativo, la baronesa Cremers, se ofreció a ayudarla. Ella irrumpió en el dormitorio del caballero y descubrió bajo su cama un maletín que contenía siete corbatas de noche que estaban tiesas con sangre seca. El resumen de esta historia es que Aleister Crowley se enteró del nombre del Destripador por su amiga la Baronesa Cremers. Pero como en todas las buenas conspiraciones, según la historia contada por un teórico posterior del Destripador, Crowley se negó a divulgar el nombre del Destripador aparentemente porque hacerlo desafiaría el poder del pentagrama. Esto parece ser falso. Crowley sí nombró al Destripador en un artículo que no publicó en vida. Apareció impreso por primera vez en 1975. El nombre revelado por Crowley era Capitán Donstan.

En otra versión de la historia de la magia negra, el pentagrama, Jack el Destripador y la ocultista lesbiana Cremers y su amante Mabel Collins, la identidad del caballero se dio como Roslyn D'Onston. En esta versión de la historia, Cremers, Collins y D'Onston se dedicaron al negocio de los cosméticos en Londres. Fue entonces cuando Collins reveló lo que D'Onston le había contado sobre su vida anterior. Él, según dijo, procedía de una familia acomodada, pero tuvo la desgracia de enamorarse de una prostituta. Su padre le amenazó con cortarle la pensión si no se casaba con una rica heredera. Antes de la ceremonia, D'Onston prometió a su verdadero amor, Ada la prostituta, que volvería a verla dentro de un año en el puente de Westminster. Sin que D'Onston lo supiera, Ada se suicidó, de modo que cuando regresó en la fecha fijada al lugar de su encuentro, sólo fue recibido por el espíritu de Ada. Fue entonces cuando se dedicó a asesinar a otras prostitutas en pos de conseguir el objetivo mágico de la invisibilidad. Todo esto parece más el argumento de una novela trepidante que el relato de algo que haya sucedido realmente.

. . .

Según Cremers, que habló con D'Onston en algún momento, no era Jack el Destripador. Pero sabía quién era el Destripador. Cuando estaba internado en el hospital por alguna dolencia desconocida, D'Onston conoció a un cirujano llamado Morgan Davies que confesó ser Jack el Destripador. Todo el asunto fue investigado por el detective aficionado Bernard O'Donnell, quien se dice que escribió un libro inédito relatando sus descubrimientos que tituló Black Magic and Jack the Ripper.

Lo que sí está documentado es que un tal Roslyn D'Onston Stephenson acudió a la policía en diciembre de 1888 e hizo una declaración. Dijo que el Destripador debía ser alguien cuyas inclinaciones sexuales eran tales que sólo podía obtener satisfacción sodomizando a las mujeres. El asesino, el Dr. Davies, que había confesado a D'Onston en el Hospital de Londres, era, según sus colegas, un hombre que nunca había tocado a una mujer. Una noche, dijo D'Onston, fue testigo de una discusión entre cinco médicos del hospital. El Dr. Davies representó su teoría sobre el momento en que las mujeres fueron asesinadas, incluyendo la sodomización de las víctimas. No hay nada en las pruebas aportadas por los diversos médicos que examinaron a las víctimas del caso que indique que alguna de ellas fue sodomizada. Si lo fueron, es probable que el estado de la medicina forense de la época fuera tal que no se pudiera detectar la sodomía pre o post mortem.

· · ·

La declaración de D'Onston Stephenson a la policía no fue seguida de ninguna detención. D'Onston, que podría haber sido un médico cualificado, hizo mucho por implicarse en los asesinatos. El hecho de que lanzara sospechas sobre el Dr. Davies puede haber sido un despiste o simplemente una estratagema para conseguir dinero de recompensa por la captura de Jack el Destripador. En cualquier caso, lo que sabemos, a partir de fuentes poco fiables, es que D'Onston era un mentiroso patológico. Su declaración a la policía a finales de 1888 puede reflejar sus delirios provocados por el alcoholismo o la enfermedad mental.

En la década de 1990, cuando la tradición del Destripador empezó a aparecer de nuevo en libros y artículos sensacionalistas, apareció de repente el diario de Jack el Destripador. Fue "descubierto" por Michael Barrett. Era un comerciante de chatarra de Liverpool. Dijo que el diario manuscrito se lo había dado un amigo, un tal Tony Devereux. La esposa de Barrett tenía otra historia. Afirmó que el libro había estado en posesión de su familia durante años. El diario, originalmente un álbum de recortes o de fotografías, tenía las primeras 48 páginas eliminadas. Había 68 páginas manuscritas y 17 en blanco al final.

Sea cual sea el dudoso origen del manuscrito, se publicó como El diario de Jack el Destripador en 1993. El autor del diario de Jack el Destripador fue identificado como James Maybrick.

El supuesto Jack el Destripador, Maybrick, era un comerciante de Liverpool que en el curso de sus negocios viajaba con frecuencia a Estados Unidos. Se casó con Florence Chandler, la hija de un banquero de Alabama. Al parecer, Maybrick tuvo varias amantes, lo que puso en aprietos a su matrimonio. Su esposa también tuvo un amante. En 1889 la salud de Maybrick empeoró y murió el 11 de mayo de 1889.

Sus hermanos, que sospechaban de la causa aparente de su muerte, exigieron una autopsia.

Se descubrió que había muerto por envenenamiento con arsénico. Las sospechas recayeron sobre Florence Maybrick.

Fue juzgada por asesinato y declarada culpable. Se le conmutó la pena de muerte y languideció en la cárcel hasta 1904, cuando se reexaminó su caso y fue liberada. La saga del asesinato de Maybrick y las posteriores protestas de inocencia de su esposa inundaron la prensa tanto en Inglaterra como en Estados Unidos.

· · ·

La aparición del diario de Maybrick, como es lógico, causó un revuelo entre los entusiastas del Destripador. La mayoría dudaba de su autenticidad. El manuscrito original fue sometido a pruebas científicas para determinar la antigüedad de la tinta, pero los resultados no fueron concluyentes. Un experto en caligrafía llegó a la conclusión de que la escritura parecía más moderna de lo que habría sido habitual en la época de Jack el Destripador. Además, la letra no coincide con la de Maybrick en los documentos que firmó. El diario estaba efectivamente escrito en un auténtico cuaderno de recortes victoriano, pero ello no excluía la posibilidad de que fuera una falsificación moderna.

Michael Barrett confesó haber fabricado el diario del Destripador. El 5 de enero de 1995 declaró que él era el autor del diario y que su mujer lo escribió a partir de sus notas mecanografiadas y al dictado. La idea de un diario falso fue concebida por Barrett, su mujer y Devereux.

Barrett dijo que leyó mucho sobre Jack el Destripador y estudió los detalles biográficos de la vida de James Maybrick, que estaban disponibles en los antiguos informes de prensa sobre su envenenamiento y en las comparecencias de su esposa ante el tribunal. Barrett afirmó que Maybrick era un excelente candidato para la autoría del diario falsificado porque sus movimientos podían encajar con las fechas de los asesinatos del Destripador. En su declaración, Barrett dijo que le dijo a su mujer: "Anne, voy a escribir un best seller, no podemos fallar". Declaró que compró el libro en el que Ana escribiría el diario, en una subasta en Londres en 1990. Quitó el sello del fabricante del libro y de todas las fotografías. Barrett hizo su detallada confesión, dijo, porque no había recibido lo que debía por la publicación del diario.

Afirmó que en 1994 su esposa, ahora separada, le había ofrecido un soborno de 20.000 libras para que guardara silencio. A finales de enero de 1995, Barrett hizo otra declaración jurada. Confirmó lo que ya había confesado. Esta segunda declaración jurada estaba motivada por las amenazas que, según Barrett, había recibido de los agentes de su mujer. Les acusó de haber cortado su línea telefónica y de haberle dado una paliza.

Todo el asunto del diario falsificado de Barrett sobre Jack el Destripador dio mucho material a los colaboradores de Ripperologist, una revista que empezó a publicarse en 1995.

Los argumentos a favor y en contra del diario de Barrett, Maybrick y el Destripador a veces se vuelven bastante acalorados. Esto no es inusual entre los aficionados al Destripador, que tratan sus investigaciones sobre los asesinatos de Whitechapel con gran seriedad. La asociación real o imaginaria de Maybrick con Jack el Destripador fue objeto de un nuevo examen cuando apareció un reloj de bolsillo en junio de 1993. En el interior de la tapa, está rayado "J. Maybrick" y "Yo soy Jack". Alrededor del borde están rayadas las iniciales de las cinco víctimas llamadas "canónicas" de Jack el Destripador (Nichols, Chapman, Stride, Eddowes y Kelly). El reloj ha sido sometido a dos análisis científicos.

Ambos sugieren que las letras rayadas podrían ser bastante antiguas. La conexión entre el reloj y la familia Maybrick es algo tenue. Su propietario, fallecido en 2008, dijo que lo había adquirido en una joyería de Liverpool. Aparte de eso, Paul Feldman, que escribió Jack el Destripador, el capítulo final para demostrar que Maybrick era Jack el Destripador y que su diario es auténtico, relacionó a Albert Johnson, el propietario del reloj, con la familia Maybrick. Otros entusiastas del Destripador han puesto su talento investigador en la recopilación de pruebas circunstanciales de que Maybrick era el Destripador. Parece que viajaba de Liverpool a Londres los fines de semana cuando ocurrieron los asesinatos de Whitechapel. Era conocido en Whitechapel, incluso mantuvo una relación con una mujer de allí. Hay pruebas de que frecuentaba al menos un burdel en Estados Unidos.

Maybrick, en el tratamiento de su salud en declive se hizo adicto a un tónico médico que contenía arsénico. Esto podría haber tenido un efecto perjudicial en su estado mental. En apoyo de la teoría de que Maybrick era el

Destripador, se ha citado una carta firmada por Jack el Destripador que Diego Laurenz publicó en el Liverpool Echo en octubre de 1888. El autor de la carta dice que está a punto de embarcarse hacia Nueva York. La carta, dice William D. Rubinstein en un estudio de las pruebas relativas a Maybrick, explica el intervalo de cinco semanas entre los asesinatos de Stride y Eddowes el 30 de septiembre de 1888 y el último asesinato, el de Mary Kelly el 9 de noviembrc. El nombre del Destripador dice Rubinstein, podría haber sido adoptado por Maybrick de los matones locales de Liverpool que eran llamados "high rippers".

Un ejemplo del floreciente interés por Jack el Destripador a finales del siglo XX es el libro de los policías profesionales e investigadores históricos Stewart Evans y Paul Gainey, Jack el Destripador: The First American Serial Killer, publicado en 1993. Intentaron demostrar que un tal Francis Tumblety, estadounidense de origen irlandés, curandero médico, estafador, misógino, que odiaba a las prostitutas, pederasta y coleccionista de úteros conservados.

Tumblety, un mentiroso patológico, se hacía pasar por un médico militar muy condecorado. Su panfleto autobiográfico de 1872 estaba decorado con una foto suya en uniforme del ejército prusiano. Tumblety estaba en Londres en 1888. Fue detenido el 7 de noviembre por un cargo de indecencia grave y quizás, como informó The Brooklyn Citizen, como sospechoso en el caso del Destripador. En libertad bajo fianza, escapó primero a Francia y luego se dirigió a los Estados Unidos, donde se le mantuvo bajo vigilancia. El detective inspector jefe John George Littlechild, aunque no tenía ninguna relación directa con el caso del Destripador, tenía un sospechoso en mente. En una carta que escribió a un periodista en septiembre de 1913, Littlechild dijo que no había oído hablar de un Dr. D (Druitt) mencionado en relación con los asesinatos del Destripador, pero que, según él, un tal Dr. T podría haberse confundido con el Dr. D. El Dr. T, identificado como un "curandero americano llamado Tumblety". Tumblety, sobre el que existía un expediente policial, no era conocido como "sádico, pero sus sentimientos hacia las mujeres eran notables y amargos en extremo".

Desde la década de 1990, la literatura científica sobre la psicopatía se ha ampliado a pasos agigantados. Lo que la policía desconocía en 1888 al pensar que el Destripador estaba loco ha sido muy bien completado por una serie de estudiosos recientes. Los psicópatas o sociópatas son típicamente mentirosos geniales que confían en sus propios talentos y poderes para desviar a quienes les siguen la pista.

.   .   .

Suelen ser convincentemente encantadores y no muestran a sus conocidos nada de sus oscuros pensamientos.

Son educados y fáciles de llevar, y carecen por completo de remordimientos o de culpa. No tienen vergüenza por ninguno de sus actos.

Estas características hacen que un psicópata sea incapaz de sentir un amor genuino. Más bien son manipuladores y pueden engañar incluso a sus supuestos allegados. Los psicópatas, según todas las pruebas recogidas por los investigadores que los han entrevistado, tienen una gran necesidad de estimulación. Pueden actuar con una total falta de empatía. Estos actos son emocionantes para ellos. Los psicópatas son impulsivos, tienden a moverse mucho y son irresponsables en la conducción de su propia vida y en sus acciones hacia los demás.

Es casi una certeza que nunca se pondrá fin a las investigaciones sobre el Destripador. En 2016 un investigador privado estadounidense llamado Randy Williams se propuso resolver el caso. Tras un estudio de unos 50 prolíficos asesinos en serie, desarrolló un perfil común a todos ellos.

· · ·

Entre las características de los asesinos en serie se encuentran un alto nivel de educación y una compulsión por insertarse en la investigación policial de una u otra manera.

Williams dio con tres sospechosos en el caso del Destripador que se ajustaban al perfil.

Eran Lewis Deimschutz, Isaac Kozebrodski y Samuel Friedman.

Los tres estaban conectados a través de su membresía en el Working Men's Education Club.

La organización fue condenada por Williams porque su periódico publicaba artículos en hebreo que pedían el derrocamiento del gobierno del Reino Unido y su sustitución por un régimen socialista-comunista. Williams descubrió que Deimschutz y Friedman fueron detenidos seis meses después de los asesinatos de Whitechapel por agredir a un agente de policía durante una manifestación. Un compañero de disturbios en la manifestación era Samuel Friedman, que no se entregó.

El testigo, George Hutchinson, que describió al hombre que vio con Mary Kelly antes de que fuera asesinada, lo describió como alguien que llevaba una cadena de oro y un alfiler de corbata con forma de herradura. Randy Williams señala en este contexto que Deimschutz era joyero de profesión. Williams dice que el educado Deimschutz orquestó los asesinatos, Kozebrodski colaboró y Friedman actuó como vigía. En cuanto al motivo, Williams ha propuesto que los tres llevaron a cabo los asesinatos de prostitutas en Whitechapel para llamar la atención sobre la situación de los pobres en Inglaterra. Esto afectaría necesariamente al cambio del sistema político.

El libro de Williams se titula Sherlock Holmes y el otoño del terror (2016) porque su investigación utilizó el estilo literario de Sir Arthur Conan Doyle.

Conclusión

Es casi seguro que los inventivos destripadores del futuro darán nuevos nombres de sospechosos. Escribirán volúmenes que se sumarán a la estantería de libros sobre el Destripador. En ellos, analizarán las pruebas que otros han acumulado para respaldar sus teorías sobre el caso y, a continuación, propondrán algún individuo aún desconocido cuyo perfil psicológico y motivo, medios y oportunidad encajen con los del Destripador. Un rompecabezas como el caso del Destripador será una perspectiva atractiva para los gomosos de escritorio durante años.

Entre las varias cosas que se pueden aprender del caso del Destripador es que el asesinato, especialmente el asesinato en serie es un jardín de delicias inmensamente seductor para la mente humana que, por alguna razón, le gusta detenerse en lo macabro. También hay otras lecciones importantes que sacar del caso del Destripador. Estas lecciones han tardado mucho tiempo en aprenderse, si es que se han aprendido.

La investigación de un asesinato por parte de la policía es propensa a los prejuicios de los investigadores. La detección del crimen no siempre es tan objetiva como debería ser. Independientemente de lo que sea posible en la ciencia forense, la detección de delitos siempre estará compuesta de arte y ciencia.

En el caso del Destripador, las sospechas recayeron sobre todo tipo de individuos por su mera condición social. Los pobres, los inmigrantes y los judíos, los enfermos mentales y los trabajadores de oficios más humildes, como los matarifes, fueron señalados como sospechosos por razones que nada tenían que ver con las pruebas. Lo que, por todas las pruebas que tenemos, la policía no hizo abiertamente en su momento fue culpar a las víctimas por el oficio que habían elegido, la prostitución, y por su falta de sobriedad. Desde los asesinatos del Destripador, culpar a las víctimas ha sido una forma de tratar los asesinatos, especialmente en los casos que quedan sin resolver. No son pocos los casos de asesinos en serie en los que la captura del autor se ha visto inhibida por la actitud policial, en la que las víctimas son consideradas como personas que viven en los márgenes de la sociedad y, por tanto, la persecución enérgica de sus asesinos es de ninguna preocupación urgente. Desde los tiempos del Destripador, los casos de asesinato de prostitutas, adictos, indígenas, homosexuales o indigentes han recibido periódicamente una atención superficial. La importancia de la víctima del crimen en términos de posición social es un factor importante que contribuye al sistema de justicia en el sentido más amplio.

Milton Keynes UK
Ingram Content Group UK Ltd.
UKHW021543160924
1673UKWH00056B/282